Le storie possibili

ALESSANDRO GIAN MARIA FERRI

L'EDICOLA RIAPRE

Storie e successi di un giovane edicolante

EDIZIONI&100®

Titolo

L'edicola riapre

Autore

Alessandro Gian Maria Ferri

Curatore

Raffaella Iannaccone

Editore

Edizioni &100

Grafica di copertina

Anna Marìa Farinola

In copertina

"La tua edicola"

Sito internet

https://edizionie100.com/

Codice ISBN: 979-12-80486-00-4

Edizioni &100 S.R.L., Colleferro
Seconda edizione Edizioni &100 – Le storie possibili
Luglio 2021

La casa editrice, Edizioni &100, nasce a Roma il 17 Dicembre 2020. L'esigenza di fondare una casa editrice nasce dal desiderio di conferire una nuova risonanza allo spazio dell'edicola e, allo stesso tempo, dalla volontà di dare la possibilità di emergere allo scrittore che si cela in ognuno di noi.

Edizioni &100 figlia della community di Edicolanti di &100, anche loro nostri autori, è la casa editrice che mette al centro l'autore e la sua storia. Da sempre il nostro scopo è mettere la persona ed i suoi bisogni al centro dell'interesse della comunità ed è quello che ci proponiamo di fare anche con i nostri scrittori: metterli al centro del processo creativo e valorizzarli per dare vita a contenuti sempre nuovi e originali.

Valorizziamo, promuoviamo e distribuiamo tutte e nostre opere su tutto il territorio nazionale grazie alla nostra rete di edicole ed al nostro team di professionisti, che giornalmente curano ogni libro sin dalla fase di scrittura.

Aiutiamo imprenditori, personaggi ed autori a raccontare la loro storia.

Il nostro lavoro è quello di divulgare storie che siano di supporto e d'ispirazione per ognuno, promuoverle e distribuirle rendendo i nostri autori felici di averci scelto.

Da sempre il nostro focus è stato l'importanza della persona al centro, che sia un lettore o un autore, cercando di valorizzare quel lato umano in ogni progetto.

Tavola dei contenuti

Prefazione
Dott. Ezio Maria Romano

Quando si arriva in prossimità dei sessant'anni, quaranta dei quali lavorando in proprio e mediamente 15 ore al giorno, i criteri di valutazione delle persone che incontri per la prima volta sul tuo percorso, cambiano di molto, o meglio: ne acquisisci più velocemente consapevolezza.

Ultimamente ho conosciuto un ragazzo che, come me, ha scoperto che per "far fortuna" in qualsiasi professione è necessario svegliarsi "prima delle otto".

E se tanto mi dà tanto, non ricordo di essermi alzato una sola mattina della mia vita, compresa la domenica, dopo le sei. Sono partito da una famiglia in cui appena si sopravviveva, giorno dopo giorno, con molteplici sacrifici mentre oggi trascorro le mie giornate in una bella casa immersa nella natura, come ho sempre sognato fin da ragazzo.

Possiedo qualche immobile di proprietà, guido le auto che mi piacciono, non ho debiti e posso permettermi di fare il lavoro (più una passione) che amo: allevare cani.

A dire il vero, se proprio vogliamo dirla tutta, scrivo libri, giro il mondo per studiare il comportamento dei lupi e dei cani randagi, ma soprattutto, contribuisco ad aiutare le persone meno fortunate di me e molto altro ancora.

Ma questa è la prefazione del libro che ha scritto il mio amico Alessandro Gian Maria Ferri sul mondo delle edicole, non il mio curriculum.

Ma ci tenevo a descriverti questa parte della mia vita, perché in Alessandro mi rivedo moltissimo: siamo legati dalla stessa ambizione, quella sana, che ti porta ad agire, spostarti e migliorarti.

E oggi sono qui, attraverso queste parole, per farti lo stesso invito, per *"dimostrarti"* che il punto di partenza, l'età, la provenienza e la classe sociale quasi non contano se sei spinto da una determinata volontà a voler fare la differenza nella tua vita e in quella degli altri.

A onor del vero, la prima volta che incontrai Alessandro, durante una cena fatta dopo un corso di formazione, lo considerai come un qualsiasi altro partecipante che parlava dei propri progetti, esattamente come tutti gli altri.

In occasioni del genere conosci sempre chi le *"spara grosse"*, chi ne *"sa più dei docenti"*, chi attribuisce solo a sé stesso il merito dei risultati ottenuti... insomma diciamo che la superbia e la presunzione la fanno un po' da padrone.

Giunti alla mia età, invece, preferisci scherzare e parlare di cose più spontanee e veritiere, senza raccontare troppo di te né scendere in particolari così personali che riguardano tutto ciò che realmente hai affrontato, come hai superato le inevitabili tempeste di chi naviga il mare del *"lavoro in proprio"*.

Hai un approccio più improntato sul valore della *"leggerezza"*, con risate e svago, preferendole di gran lunga a quegli interminabili e noiosi monologhi di chi parla solo del proprio business, facendo a gara a chi sta sul piedistallo più alto. *"No, grazie"*.

A un certo punto, per fortuna, emerse che la mattina seguente mi sarei svegliato presto e avrei fatto il mio jogging mattutino.

Come sempre, lungo le strade adiacenti all'hotel, a un'ora tale che l'alba non si fosse ancora alzata e la maggior parte delle persone stessero dormendo profondamente.

Alessandro mi disse: "Domani ci sarò anch'io, corro ogni mattina. Se ti fa piacere mi aggregherei molto volentieri."
Risposi: "Ok, volentieri, allora ci vediamo alle 6:00 davanti alla reception."

Onestamente, non credevo si sarebbe presentato: fa così la maggior parte delle persone; a cena si sentono dei leoni (soprattutto a parole), poi però, a fatti, quando è ora di scendere dal letto che è ancora buio, risulta molto faticoso e quindi optano di dormire ancora un po' con la scusa della fatica del corso.

Invece... Alessandro c'era.

E più in forma e smagliante che mai, come suo abituale modo di essere e di fare.

Ed è proprio grazie alla nostra corsa, all'intimità e stima reciproca che si è creata che ho conosciuto il Progetto *"Edicole&100"*, basato sul futuro sviluppo delle edicole e sulla loro importanza come valore sociale.

Alessandro è sicuramente la persona giusta per portarlo avanti con successo e a te che sei incappato in questo ragazzo, consiglio vivamente la lettura di questo libro.

In parte ti potrà cambiare la vita (se vorrai) ma è una garanzia che in un qualche modo ti offrirà una visione completamente diversa e nuova su tutto quello che è il mondo delle edicole e che hai creduto fino a oggi.

Magari con queste informazioni di altissimo rilievo non ci

farai nulla, ma almeno ti daranno la possibilità di capire; sì, capire che c'è dell'altro, molto altro oltre un semplice chiosco, oltre un quotidiano che compri frettolosamente da una persona che consideri un *"qualunque"* edicolante.

Leggi queste pagine che Alessandro ha voluto creare
appositamente per te, per diffondere un messaggio davvero
importante e che potrà davvero svoltare le sorti delle edicole
e del mondo e delle persone che ci girano attorno.

Da quella corsa, Alessandro e io ci siamo sentiti infinite volte al telefono, lui con il suo temperamento da giovane entusiasta e io da uomo maturo più moderato, non sempre così ottimista, non più giovane e con qualche acciacco maturato in battaglia.

La proposta di Alessandro di trasformare l'idea classica di
una normale edicola in un polo di servizi e di prodotti
aggiuntivi è un'innovazione più unica che rara, da tenere in
considerazione assolutamente.

Il nodo cruciale su cui riflettere è l'aspetto umano (che io da grande sostenitore della beneficenza ho sposato in pieno):

perché andare dall'edicolante di fiducia solo per ritirare il
quotidiano o una rivista, soprattutto dopo
tanti anni che ci si conosce, a volte diventato anche un

amico, quando invece se ci si pensa, lui stesso può fare molto di più per i suoi clienti?

In questo libro, Alessandro ha voluto trasmettere come possono radicalmente trasformarsi le edicole, le opportunità di business riservate ai loro gestori, nonché come possono migliorare in modo significativo la qualità di vita dei clienti e di riflesso la propria.

L'Edicolante (con la "E" maiuscola) grazie a questo cambio di mentalità, diventa un vero e proprio professionista.

Un professionista dinamico, sempre pronto a presentare e a vendere diverse novità alla sua affezionata clientela che conosce da sempre e con cui ha un rapporto speciale coltivato negli anni.

Basta parlare dei soliti edicolanti, quelli di un tempo, seduti sullo sgabello a leggere fumetti, con le dita annerite dal fumo, che aspettano passivamente, senza più reazioni, apaticamente e stancamente che qualcosa possa succedere dal nulla, che i clienti piovano dal cielo.

Dobbiamo metterci in testa che questo mondo è finito.
Dobbiamo assolutamente rendercene conto.
E prima lo facciamo, prima si risolleveranno le sorti delle nostre vite.

Una nuova concezione di edicola, sviluppata come centro multiservizi e prodotti, selezionati e collaudati da degli esperti, come appunto propone Alessandro, è la svolta epocale che renderà giustizia a tutto il settore, completamente.

Ad Alessandro è piaciuta molto questa mia interpretazione del prototipo di Edicole&100: un *"autogrill del pedone"*, il quale passando di lì per caso, troverà ogni cosa possa servirgli di pratico, sfizioso e, perché no, urgente, come succede negli autogrill che tutti conosciamo.

E non solo…

Sarà lui a spiegarvelo meglio, a me tocca *"semplicemente"* l'onore di presentarvelo come un *"ragazzo"* che ha la determinazione e la tenacia di svegliarsi presto ogni mattina e correre fino a sera, non solo con il jogging, ma volendo raggiungere i propri obbiettivi a tutti i costi.

Ed è la stessa qualità di grande pregio e che a me ha sempre portato fortuna per la mia di ricchezza, non solo quella materiale.

Alessandro emana entusiasmo da ogni poro, vive con l'ambizione di fare le cose nel migliore dei modi ed è profondamente onesto.

Lo dico con una buona dose di cognizione: non mettersi in affari con lui sarebbe per te un vero peccato, significherebbe perdere una grande occasione.

Fattelo dire da un "vecchietto" abbastanza navigato.

Buona lettura e al tuo futuro.

Dott. Ezio Maria Romano

Contributo On. Dott. Vittorio Sgarbi

Conservare le abitudini è una consolazione.

È vero che possiamo leggere i giornali su Internet, ma la lettura dell'immagine immateriale ha qualcosa d'insidioso, di masturbatorio.

L'appuntamento quotidiano con l'edicola è un rito che non soltanto ci consegna un oggetto che possiamo toccare e accarezzare, ma ci consente di cercare quello che non pensavamo di trovare o di volere.

Questo aumenta il piacere e la curiosità.

L'edicola è un tesoretto di sorprese, contiene in sé piaceri reconditi, ci porta attraverso province e regioni lontane. Siamo a Bologna ma troviamo i giornali delle Puglie, siamo a Milano e troviamo "Il Mattino" di Napoli.

L'edicola è l'inatteso, l'avventura, il desiderio.

Rinunciare all'edicola è come rinunciare alle giostre, in una beatitudine di età adulta che ha la stessa modalità del gioco e del divertimento dell'infanzia.

Un'edicola è come una zattera, come un'oasi, un punto di ritrovo dove si celebra un rito.

Inutile pensare di sostituirla o di abbandonarla.

Essa ci cerca, ci chiama, non vuole consentirci di rinunciare a un piacere.

Non è necessario, dopo i tempi che abbiamo vissuto, neppure andare in chiesa: *ma lì si entra e si prega.*

Lo stesso vale per le edicole, templi del pensiero laico.

Non rinunciamo a questa consuetudine.

Perderemmo una parte della nostra immeritata felicità.

Ill. On. Dott. Vittorio Sgarbi,
Critico e Storico dell'Arte

Contributo Dott. Francesco Rutelli

Tutto sta già cambiando, più o meno velocemente, più o meno consapevolmente.

Non usciremo dal Covid-19 senza una profonda riorganizzazione che coinvolgerà tutti i settori produttivi e della vita associata. Migliorandoci, per necessità o per virtù; oppure, con conseguenze negative e terribili, specialmente per il lavoro e la stabilità delle imprese e delle famiglie.

I cambiamenti – già lo vediamo, visto che la pandemia ci ha costretti a fare un salto di almeno dieci anni, a partire dalle esperienze digitali – riguarderanno il modo di abitare e convivere; i trasporti e la logistica; i servizi pubblici; i sistemi sanitari e di cura; l'informazione; gli uffici, e il lavoro "ibrido"; la fruizione dell'intrattenimento e dello svago; il modo di fare turismo e, ovviamente, il commercio.

Un'edicola, una grande o piccola edicola, è attraversata da molte di queste sfide difficili.
Per un bravo imprenditore che ama e sa fare questo lavoro, il cambiamento non è una novità.

Se penso ai lontani anni '90, in cui da Sindaco di Roma avevamo sposato e sostenuto la trasformazione e modernizzazione di molte edicole romane (anche per il rispetto che dovevamo alla severità di quel lavoro, al freddo, al caldo, in piedi dall'alba alla sera), al loro inquadramento nelle Cento Piazze che abbiamo trasformato, nel Centro storico e in tanti grandi quartieri, agli accordi perché gli edicolanti potessero fornire nuove opportunità ai cittadini, sembra passato un secolo.

Questo meraviglioso servizio,
sempre a contatto con le persone,
i loro interessi, curiosità, passioni, non può morire.

E un libro come questo, curato da Alessandro Gian Maria Ferri, è la più bella testimonianza di determinazione, di volontà, di una visione che è imprenditoriale e sociale allo stesso tempo.

Anche nei momenti più difficili della pandemia, le edicole sono rimaste aperte, e non solo per proteggere la funzione di libertà legata alla carta stampata.

Per dare una *garanzia di apertura ai nostri concittadini*, con nuovi prodotti commerciali, informazioni preziose, senso di comunità, nuovi servizi di interesse pubblico.

Solo con una rinnovata centralità delle edicole nei nostri quartieri resterà viva la nostra capacità di incontrarci, passeggiare, fare acquisti, tornare a casa con qualcosa di *"analogico"* e sorprendente da mostrare e condividere nella nostra famiglia, dai bambini agli anziani, e di apprendere e fare cose che rendano migliori le esperienze digitali.

Del resto, in quella *"Città a 15 minuti"* che molti stanno studiando e che richiederà servizi di vicinato più prossimi ed efficienti, ci vorranno sempre più intraprendenti operatori *"a 360 gradi"*!

La nostalgia delle vecchie edicole è un sentimento nobile, che nessuno ci può togliere, ma questo libro porta aria fresca, idee, nuovo coinvolgimento, *perché tutti noi vogliamo e amiamo edicole che ci accompagnino nelle esperienze e nella convivenza civile del futuro.*

Ill. Dott. Francesco Rutelli,
Emerito Dirigente e Politico dello Stato

Introduzione

Far risorgere le edicole e tutto il settore si può?

Assolutamente sì.

È l'obiettivo che mi son fissato per il 2020 e 2021.

Certo, lo so, è un'ambizione che, nonostante i numeri presentino uno scenario a dir poco da far rabbrividire, sembra *"troppo"* ma adoro le sfide, e oltretutto, in appena pochi mesi di espansione del progetto, io e il mio socio abbiamo ottenuto risultati che mai e poi mai avremmo immaginato.

Innegabilmente abbiamo studiato, lavorato duramente e programmato tutto per realizzarli, ma senza ombra di dubbio quello che è successo ha colto di sorpresa anche noi: ed è per questo che ho voluto scrivere un libro.

Per raccontarti della mia storia e di come questa mi è servita per creare tutto il sistema di *"rinascita"* delle edicole; per trasmetterti la grande (e nuova) opportunità che c'è (ancora e soprattutto oggi) dietro questo business, perché è di questo che si tratta; per fare quattro chiacchiere, proprio come se fossimo al bar assieme ad altri amici, sui successi dei miei clienti, raccontati direttamente da loro e infine, la questione più importante…

Il valore pratico che riceverai da questo libro, ossia alcune strategie che potrai fin da subito mettere in atto non appena lo chiudi, per iniziare a risollevare la tua edicola o perlomeno a pensare come agire in modo diverso e più produttivo.

Non che una manciata di pagine possano fare un *"miracolo"*; tuttavia, possono far entrare nell'ottica che è davvero possibile fare la differenza tra il buon esito, la riuscita e il successo e l'insuccesso della tua rivendita.

Quindi, ora mettiti comodo che ci attende un viaggio in cui ti accompagnerò passo dopo passo, alla scoperta di un'edicola…

che riapre!

Alessandro Gian Maria Ferri

Immagine di Gianfranco Tartaglia:
"L'Edicola di Una Volta"

Contributo Dott. Lorenzo Zichichi

L'edicola, elemento fondante della nostra società moderna, è stata protagonista di film e anche di opere d'arte.

Celebre una delle rare sculture di Guttuso, che appunto si sofferma su questa e sul lettore di giornali, scena quotidiana nel Novecento, che oggi si osserva quasi come fosse uno dei calchi di Pompei.

Eppure, l'edicola, luogo deputato all'acquisto di materiale cartaceo da leggere, quindi innanzitutto giornali, ma poi riviste, calendari, almanacchi, guide, cartoline e anche libri, la vedo come il primo baluardo della diffusione culturale.

Non posso quindi che vedere con simpatia la tenacia con cui un giovane come Alessandro si è dedicato a tenere in vita non soltanto quelle della sua famiglia, ma anche creando una rete che esalta il lavoro di chi può essere il riferimento per un quartiere.

Evviva il suo lavoro e la sua passione!

Dott. Lorenzo Zichichi,
Editore e Amministratore "Il Cigno"

Capitolo 1
Come trasformare un'edicola da zero

Questo libro nasce dai molteplici ricordi che ho di quando ero bambino e nella carrozzina dormivo fuori l'edicola dei miei genitori. La gente del quartiere era solita passare di lì, fosse anche per un semplice saluto: *"Ciao Patrizia, ciao Massimo, come state? Oggi che notizie abbiamo?".*

Mamma e papà rispondevano con la gentilezza che contraddistingueva quei tempi, senza fretta, con tatto e la voglia di accogliere chiunque entrasse in edicola. Le notizie sul *"Il Messaggero"* e su *"La Repubblica"* attraverso i titoli stampati in grande erano sempre discusse. La colazione si ripeteva più e più volte ogni mattina; in pratica il Signor Antonio, la Signora Anna facevano parte di tutto questo magnifico quadretto.

Nell'edicola esisteva quell'aggregazione, quella condivisione di pensieri, notizie e dibattiti, a volte espressi con ardore, ma con sempre la buona regola dell'educazione.

Era anche un centro di coinvolgimento per la vita *"mondana"*: si organizzavano le partite di calcetto, le cene, gli incontri dei bambini nel dopo scuola o i pranzi della domenica al ristorante creati da amicizie vere e spontanee, e talvolta anche durature e profonde.

Tutto questo lo ricordo ancora molto nitidamente: la mia infanzia, la mia adolescenza e gioventù sono state *"segnate"* da questo tipo di vita. È per questo che oggi, da adulto, in me sento la voglia di *"ricreare"* quei sentimenti, quei momenti e quelle situazioni.

L'edicolante era il punto di riferimento per le informazioni relative a strade, negozi, uffici o altro e aveva sempre la parola giusta al momento giusto: insomma una buona parola per tutti.

Sembrava che nella sua testa non ci fossero mai pensieri negativi; tutto correva spontaneamente e naturalmente nel verso giusto, con la sola voglia di *"vivere"* in mezzo a quella gente.

Si arrivava in *"postazione"* tra le 3:30 e le 4:00 del mattino per accogliere sia il trasportatore che arrivava in tutta fretta, ma con rispetto e stima reciproca e condivisa per questo lavoro così duro per entrambi, che i primi clienti che iniziavano ad arrivare alle 5:00.

Alle 4:30 erano consuetudine cornetto e cappuccino portati dal ragazzo del bar, con il quale si scambiavano già le prime battute sulla partita del giorno prima.

Con carta e penna sulla bolla di consegna si contavano le riviste, o meglio, prima i quotidiani visto che avevano la priorità su tutto per le ultime notizie di stampa.

Nel momento in cui il sole sorgeva, mio padre era già pronto con il suo bancone sistemato in modo così *"misterioso"* e secondo una determinata sua tecnica di strategia espositiva. La giornata, soprattutto la mattina, scorreva in fretta; fin dalle prima ore c'era addirittura la fila fuori per comprare il quotidiano o le figurine per i bambini o... la mitica *"Settimana Enigmistica"*.

Alle 13:00 il lavoro si placava per qualche ora e così si pensava al pranzo, ma sempre con la prontezza verso l'accoglienza dell'ipotetico cliente.

La stanchezza iniziava a farsi sentire, ma nel pomeriggio arrivano i clienti più divertenti e che ti donavano, senza saperlo, la propria energia e il proprio entusiasmo: i bambini, con quella luce nei loro occhi.

Era compito dell'edicolante spiegare, mostrare, consigliare, insomma essere un tuttologo anche dei giochi e di quelle bustine su cui neanche i produttori stessi erano così tanto acculturati.

Tutto scorreva, per arrivare fino alla chiusura, quando si

iniziava a fare le rese dei quotidiani e si sistemava tutto perfettamente, in modo che l'indomani si potesse iniziare con nuovo ordine.

L'edicolante arrivava stremato, ma alla resa dei conti della giornata una parte di lui si rallegrava, si sentiva più sollevato perché era consapevole che poteva pagare tutte le bollette senza ritardo.

E, perché no, poteva permettersi anche di portare sua moglie al ristorante per una cenetta romantica senza necessariamente guardare la parte destra del menù.

Queste le memorie di una categoria di lavoratori inarrestabili, sempre pieni di gioia e di allegria; certo anche loro con i propri problemi, ma gli apparteneva anche quello spirito con cui erano pronti a risolverli con forza, con determinazione e senza mai farlo pesare a nessuno, assumendosi in pieno le responsabilità.

Ora vorrei che tu chiudessi i tuoi occhi per qualche istante...

Avvicinassi questo libro sopra il tuo petto, sentissi il profumo della carta e, dopo aver fatto due/tre respiri profondi portassi alla tua mente il ricordo dell'edicola che frequentavi da bambino, adolescente o ragazzo: dove si trovava (o dove si trova ancora), come si chiamava (o si chiama) l'edicolante, cosa compravi, cosa osservavi, che odori sentivi...

Sono sicuro che hai passato dei momenti bellissimi con chiacchierate allegre, ma anche discorsi dal profilo culturale.

Ne sono sicuro perché l'edicolante ancora oggi è tutto questo: una persona che sta alla battuta, ma anche acculturato e informato, che sa coinvolgerti attraverso quelle che sono notizie e nozioni ricercate all'interno della sua edicola.

Scrivendo io un libro sulle edicole in cui trascrivo così minuziosamente i miei ricordi da bambino dell'edicola di famiglia, si potrebbe pensare quasi in automatico che ho sempre fatto questo mestiere e che lo adorassi anche.

Invece...

Ti svelo un segreto: in realtà questo settore non mi piaceva, soprattutto perché mi dovevo svegliare troppo presto.

Alle 4:00 io preferivo rientrare a casa da una serata di baldoria o fidanzata, mica volevo uscire per andare al lavoro.

Comprensibile, no?

Alla fine, ci son *"tornato"* a fare l'edicolante, o meglio

l'imprenditore in questo campo, ma prima ho dovuto fare qualche esperienza e, come si suol dire, farmi *"le ossa"* attraverso altri lavori.

Eccoli…

Il mio sogno da piccolo era quello di entrare nella Scuola Militare Nunziatella a Napoli per poi, una volta conclusa, appartenere al Gruppo N.O.C.S. Nucleo Operativo Centrale di Sicurezza, ossia l'unico reparto di forze speciali della Polizia di Stato Italiana.

Ci provai: studiai per il concorso atto a entrare in quella scuola, a 15 anni, e il giorno dell'esame lo ricordo ancora benissimo.

Eravamo più di mille in un'aula a Foligno e ne presero solo 37; ahimè, io non ero tra quelli.

Decisi di cambiare strada, iscrivendomi all'istituto alberghiero.

Arrivò settembre e indossai per la prima volta quel bellissimo cappellone da chef: sii sincero, hai mai voluto almeno una volta nella vita provarlo e sentirti dire *"tutto ottimo, chef"* nonostante stessi preparando per la tua famiglia?

È una lusinga che ti fa sentire importante, amato e apprezzato.

Arrivarono le soddisfazioni nonostante il caldo, caldissimo tra i fornelli, l'ansia e lo stress nelle cucine di tutto il mondo: tutto quello che si vede oggi in televisione, in quegli spettacoli dedicati alla creazione di superbi piatti, è solo la punta di un iceberg di un percorso difficile, complesso e impegnativo con

alle spalle le notti di Natale, Capodanno, domenica, Ferragosto e talvolta dei compleanni dei propri cari trascorse a lavorare. Il campo della ristorazione ti porta a conoscere e a interagire con molteplici persone, ognuna diversa e con le proprie esigenze, con sapori e tradizioni tutte diverse, per nulla facili da riuscire ad accontentare in "blocco".

Ma, così come tutta la mia determinazione l'ho impiegata nell'eccellere in quel settore, così oggi sto cercando di fare, attraverso questo libro e la divulgazione dell'importanza del mondo delle edicole.

Per questo ti "ruberò" ancora un paio di pagine sul racconto della mia adolescenza e gioventù,
per farti capire da dove è partita la costruzione della tenacia che vedi oggi.

Tornado ai miei 15 anni, dal lunedì al venerdì mattina frequentavo la scuola alberghiera per arrivare al fine settimana che mi vedeva impegnato nel servizio presso i vari ristoranti del litorale romano.

Altro che uscire.

Ero sempre in cucina, ma la passione era più forte di qualsiasi altro diversivo e sapevo che la pratica mi permetteva di approfondire e migliorare radicalmente il percorso che avevo deciso di intraprendere.

Il mio lavoro nelle cucine parte veramente dal ruolo più semplice, ma allo stesso tempo fondamentale; infatti, lavavo i piatti, pulivo per terra, pelavo le patate... ma non mi sono mai scoraggiato, perché fin da questo primo impiego, seppur umile, mi sono fatto apprezzare, riservandomi la possibilità di guardare come venivano fatte alcune ricette.

Chiaramente ero felicissimo di poter "rubare" i trucchi del mestiere riservati a pochi.

Sapevo dentro di me che quei compiti erano solo un passaggio e che avrei anche io un giorno cucinato sul serio, fino a sentirmi dire: *"ma come hai fatto questo piatto, chef?"*. La dimostrazione che la mia umiltà mi stava portando sulla strada giusta fu comprovata dalla vincita di una borsa di studio messa in palio dalla scuola alberghiera.

La borsa dava la possibilità di andare per un mese in Francia, precisamente a Cap D'Age presso un ristorante rinomato a fare l'aiuto chef.

Wow, fu incredibile.

Nonostante la difficoltà di essere *"straniero"*, *"giovane"* e (quasi) senza esperienza per un ristorante così rinomato, mi impegnai come mai prima, proprio per farmi accettare ed essere visto di buon occhio.

Non fu facile per nulla, ma anche questa volta, la mia determinazione mi ricompensò.

Difatti, i proprietari, vista l'importanza per loro di avere un cuoco italiano nella propria squadra, mi vollero a tutti i costi.

E così, appena maggiorenne cominciai a diventare uno chef ufficiale, cosa che mi permise di lavorare nelle cucine francesi, tunisine e in diverse località italiane importanti, fino ad arrivare a New York.

In tanti anni nelle cucine ho avuto tante soddisfazioni, ma anche moltissime discussioni: tuttavia il focus è sempre stato sul *"fare squadra"*, unita dalla cucina alla sala.

Bisogna iniziare a capire che correre insieme agli altri non è una gara tra i partecipanti, ma una sfida a eccellere per il cliente finale; che men che meno si può vincere da soli.

In un ristorante c'è chi fa la spesa, il cuoco, il cameriere, chi pulisce i piatti, chi gestisce i soldi... la qualità che si offre al cliente è la stessa che si vive tra le diverse componenti del gruppo: è per questo che bisogna migliorarsi sempre e costantemente, perché l'ambiente si rifletterà sul servizio dato.

Pensa a quante volte non sei riuscito a delegare perché vuoi sempre tenere tutto sotto il tuo controllo e continui a dire:

"se non ci sono io qui va tutto a rotoli".
Ti senti indispensabile e unico.

Questo è il miglior modo per fallire.

Devi iniziare a pensare da imprenditore, di formare una squadra, che non importa se composta da tre o da mille; quello che conta è acquisire diverse modalità di pensiero.

Non è possibile non aver "bisogno" di nessuno per crescere e andare lontano.

Pensiamo a un momento delicato come il lock-down,

l'emergenza sanitaria: abbiamo capito ancora di più l'importanza delle persone, anche di quelle che magari passavano in secondo piano.

L'esperienza fatta insieme a mia moglie nella Grande Mela ci ha catapultati esattamente in questo, in un cambio completo di vita: dalla lingua, al rapporto con le persone, a una nuova cultura e usanze diverse.

Appena scesi dall'aereo ero entusiasta di essere arrivato, nonostante non conoscessi nessuno, né avessi un contatto per poter chiedere un consiglio: avevamo solo preso la nostra stanza nel Queens, lasciando un lavoro a tempo indeterminato, la nostra casa, l'auto e tutte le comodità – avevo dovuto convincere mia moglie a partire per rimetterci (di nuovo) in gioco.

New York è per eccellenza la città delle prove, e anche questa volta la superai a pieno titolo, ma mia moglie non era felice e decidemmo dopo sei mesi di tornare in Italia.

Dopo solo una settimana già trovai impiego al *"Giardino d'Oro"*, proprio sotto la Federal Reserve Bank con dieci persone da gestire e un'ottima paga.

Avremmo potuto decidere anche di trasferirci in centro a Manhattan, ma vedere ogni giorno lei con il sorriso spento mi fece rendere conto che quella non era più una strada perseguibile.

Comunque, questa esperienza ebbe il suo fascino
che diede vita a nuove strade di vita e
a un percorso dentro di me illuminante,
come tanti altri momenti vissuti.

Rimettemmo tutto in gioco e iniziai a capire tante cose che mi hanno portato a ragionare in maniera completamente diversa; un cammino che ancora oggi affronto con cognizione di causa, grazie a quel lavoro a New York che mi ha fatto prendere consapevolezza che bisogna sempre essere onesti con sé stessi e prendersi la responsabilità e la capacità di accettare che se qualcosa non *"torna"* è necessario cambiare la rotta.

Osservandomi da dentro capii che sarei sempre rimasto dipendente da questo lavoro, da orari improponibili e sacrifici onerosi. Quando ho rimesso piede in Italia mi son ripromesso che avrei lavorato nell'ultimo ristorante in modo da darmi il tempo di ricominciare facendo comunque quello che sapevo già svolgere al meglio e che mi garantiva una tranquillità economica.

Credo che ogni persona il proprio destino se lo crei con le sue
stesse mani e azioni.

Se vogliamo realizzare un determinato progetto, rialzandoci, rimettendoci in gioco, *"senza raccontarsela"* è davvero possibile.

Siamo solo noi i creatori della vita che desideriamo.
E raggiungere questa presa di consapevolezza è il primo
passo per ottenere tutto ciò che desideriamo.

Potrei scrivere un altro libro sul campo della ristorazione: è stato un capitolo della mia vita davvero impattante. Nonostante mi avesse tolto respiro, non avendo neppure il minimo tempo per me e la mia famiglia, in contemporanea ho imparato veramente cosa significasse il vero sacrifico, come stare 14 ore in servizio, sempre in piedi, mangiando solo se ce ne fosse stato il tempo ma soprattutto, se ne te fosse venuta la voglia perché molte volte arrivavi "sazio" da tutti quei sapori che ti sovrastavano lo stomaco.

Mi ha dato skills davvero fondamentali per quello che sono oggi e che sto creando nel mondo delle edicole. Ecco perché ti ho riportato la mia esperienza.

Così, trascorsero dodici anni nella ristorazione: un vero e proprio vagabondaggio personale, difficile da interrompere quando sei nel flusso. Da un lato tanto successo, stima e complimenti, ma dall'altro arrivai a essere stanco, sia fisicamente che mentalmente.

Non mi sentivo libero, avevo sempre la testa occupata dal garantire il servizio migliore, anche se nell'ultimo periodo si trasformò in un lavoro più a livello organizzativo tra turni e nuovi menù.

Perseveranza e resilienza sono le due parole tatuate sulla mia pelle che mi accompagnano in questa scoperta chiamata "vita", un viaggio che proprio adesso che lo sto scrivendo mi fa sentire veramente appagato delle scelte che ho fatto.

Arriviamo a sei anni fa, quando appesi al chiodo il cappellone da chef e intrapresi il mestiere dell'edicolante, questa volta non più come spettatore, ma come protagonista.

Se cerchi la parola *"Edicola"* su Wikipedia c'è scritto: *"struttura architettonica di piccole dimensioni con la funzione pratica di ospitare e di proteggere l'elemento che vi è collocato.*

In origine si trattava di un tempio in miniatura, che ospitava la statua di una divinità. Erano strutture di protezione per le immagini di culto, collocate fuori dai templi o dentro i templi stessi per le divinità."

Se una volta il significato originario era *"tempietto"* per le figure sacre, oggi non lo è di certo più per l'edicola che vediamo nelle strade, piena di giornali, riviste e gadget di ogni tipo.

Perché ti parlo di edicola come un tempio, come un luogo "sacro"?

Semplicemente... perché lo è.

Può essere considerata come un luogo dove rifugiarsi tra pensieri, letture e chiacchiere che portano a *"mettere in pausa"* la vita reale così frenetica e a volte delirante.

Quante volte sei andato in edicola e hai iniziato a sfogliare un libro o il tuo fumetto preferito, magari osservando se fosse perfettamente integro perché sei un appassionato collezionista?

Sono sicuro e certo che in edicola ritrovi i tuoi cinque minuti di sollievo, anche solo nell'accompagnare tuo figlio a scegliere quei giochi che ha visto nelle pubblicità in tv o su

YouTube (visto che ormai ci siamo spostati anche su altri canali, oltre che la classica televisione.

Anzi, il target dei giovanissimi viene attaccato di più attraverso giovanissimi youtuber, considerati come se fossero dei veri e propri *"Dei dei giorni nostri"*. Son proprio loro a chiedere i prodotti che addirittura usciranno nelle prossime settimane).

Pensa come sarebbe la tua città o il tuo paese senza l'edicola di riferimento; come cambierebbe la tua passeggiata senza più la tappa fissa e il saluto a Mario, a Fabio alla Signora Eleonora per raccontarsi le ultime notizie, novità e anche delusioni.

Sì, puoi dirmi che il giornale lo leggi attraverso Internet, che la collezione te la consegnano direttamente a casa e che Amazon ti spedisce la bustina, o che addirittura puoi comprarti gli album già belli e finiti, ma... se osservi oltre la tecnologia (della quale stiamo diventato forse un po' troppo schiavi), il rapporto umano dove lo releghiamo?

Possiamo davvero fare senza?

Io non credo.

Ecco come ho iniziato a fare l'edicolante...

E poi l'imprenditore.

Tutto iniziò da una chiamata del gestore dell'edicola dei miei genitori, dopo 10 anni di attività: *"Sono stanco ed esausto, non voglio più stare lì chiuso nelle 4 "mura" del chiosco, è diventato per me una galera, non riesco nemmeno più a trarne profitto; i conti non tornano mai…".*

Così nel 2014 decise di riconsegnare le chiavi a papà e mamma, i quali erano ovviamente disperati, anche perché fu una decisone quasi improvvisa. Si trovarono spiazzati, non sapevano da dove iniziare: avevano smesso quel tipo di lavoro da anni e per di più in edicola le cose cambiano di giorno in giorno drasticamente.

Mi chiesero aiuto, mentre stavo lavorando in cucina, ma in attesa di una *"svolta"*. Come si fa a dir di *"no"* ai genitori?

L'edicola, così come ci fu restituita, non era assolutamente nelle condizioni di essere data in gestione nuovamente: l'accordo con i miei fu che da parte mia l'avrei sistemata sia a livello d'immagine che a livello economico, per poi ridarla a terzi, solo se avessimo trovato un amante di questo lavoro che curasse perfettamente sia l'attività che la location.

La prima mattina, un po' come il primo giorno di scuola, la ricordo molto bene.

Ero euforico forse per la novità dell'attività, forse per il fattore di mettermi in contatto diretto con clienti, io che nella mia vita sono sempre stato dietro le quinte del ristorante.

Passò un anno, anche molto velocemente, mentre la sera ancora avevo il lavoro nel ristorante.

Poco dopo – ed è il caso di dirlo, l'appetito vien mangiando – decisi di prendere in gestione l'edicola che si trova davanti la Basilica di Santa Maria Maggiore e qui ci fu la svolta: presi il coraggio a due mani e abbandonai per sempre il mondo della ristorazione.

La resi speciale e attraente, anche per i turisti: un'edicola ottagonale in cui avevo suddiviso tutto perfettamente in settori; dai giornali, alle mappe, alle cartoline.

Come servizio aggiuntivo "diverso" rispetto a quello dell'edicola classica, introdussi la possibilità di acquistare tutti i tipi di biglietti, anche quelli dei bus turistici, oltre ai gadget e ai souvenir, non sacrificando il servizio quotidiano dei giornali.

Ormai, diventato un edicolante a tutti gli effetti, ma senza presunzione alcuna, in un qualche modo mi sentivo *"diverso"* rispetto gli altri miei colleghi: a differenza loro, percepivo e notavo strada facendo che c'erano tante (troppe) potenzialità per nulla sfruttate, ma a livello macroeconomico lo sentivo soprattutto per l'intera categoria, senza ombra di dubbio, unica con una rete di vendita capillare in tutta la nazione.

Capivo che si potevano fare le cose in modo diverso,
rispetto al passato, era possibile diventare un punto di
contatto tra fornitori e i clienti:
insomma vedevo che c'erano grandi opportunità
di business latenti.

Nel mio profondo ha iniziato a insinuarsi sempre più la voglia di cambiare, di diventare (se vuoi anche un po' in modo presuntuoso, ma con delle ottime basi) un punto di riferimento per tutto il settore.

Ho voluto essere quella persona, quel ragazzo con cui poterti confrontare sulle diverse problematiche che io stesso conosco perché ormai le vivo da anni, con cui iniziare a pensare come costruire un futuro nuovo e redditizio.

Tu che fino a oggi, soprattutto negli ultimi anni hai sofferto, patito, sei rimasto solo all'interno del tuo punto vendita, a volte rassegnato e vittima di un sistema totalmente cieco verso gli edicolanti...

Quante volte ti ha preso l'angoscia perché hai ricevuto

Da tutta questa serie di considerazioni vissute, provate e scoperte sul campo è nata la mia infinita voglia di riscatto.

Quel riscatto che questo ramo merita di avere, fosse anche solo per l'alto onore del ruolo sociale che ricoprono. Cosicché prima di essere e diventare l'Alessandro che ha fondato *"Edicole&100"* ho voluto farmi le ossa.

Mi sono impegnato oltremodo nel corso degli ultimi anni, aprendo una media di un'edicola all'anno fino ad arrivare a sei punti vendita, sparsi per la città di Roma.

Sentivo che stavo già dando molto, ma volevo andare oltre la frase che tutti mi ripetevano: *"Ora hai sei punti vendita dovresti essere contento e appagato, qualcuno si sentirebbe arrivato a gestire così tante edicole"*.

Ma a me mancava un pezzo che ho potuto trovare grazie alla mia personale crescita, grazie alla formazione e accrescimento della mia *"testa"*.

Per dovere di cronaca devo dirti che non sempre le cose sono andate come pensavo: solo chi non è mai cascato può pensare di essere infallibile.

Sono state sfide difficili, non posso affermare
che sia andato tutto liscio.

La difficoltà più ardua è far interpretare la mia visione agli occhi di chi collabora con me, anche solo condividere il tipo di allestimento, nuovi prodotti da inserire anche inaspettati fino a qualche anno fa.

Ma niente mi ha mai scalfito, ho creduto nel cambiamento
delle edicole, ogni difficoltà l'ho vissuta come opportunità.

Questo è il futuro del nostro settore, e non lo sto scrivendo da solo, ma assieme alle tue di mani, perché la cosa più importante che voglio trasmetterti in questo libro è *l'importanza di fare squadra, di essere un gruppo unito.*

Tu sei un giocatore singolo che s'impegna ogni giorno, ma allo stesso tempo noi tutti assieme, possiamo fare la differenza.

Tutto quanto viene realizzato in una *"squadriglia"* ha un impatto esponenziale, dannatamente positivo rispetto a creare qualcosa da soli.

È ovvio che devi pensare, sbatterti e capire come delegare: ad esempio, quando ho aperto la seconda edicola, ho interpellato mio fratello.

Ci siamo dati forza a vicenda e abbiamo pensato in grande, anche a come inserire nuovi collaboratori che potessero aiutarci in tutti i processi che stavamo sviluppando.

È anche successo che due edicole, così come le abbiamo aperte, le abbiamo dovute chiudere, nonostante il nostro impegno non fruttavano quanto serviva.

Tuttavia, questi *"fallimenti"* sono stati per noi spunti di riflessione, che ci hanno portato a capire meglio e ad analizzare in modo più specifico ogni passo che avremmo fatto da lì in avanti.

Il problema più grande in cui incappiamo ricorrentemente è che la maggior parte dei gestori di un'edicola, purtroppo, non riesce a coinvolgere le persone che sono vicino a lui, magari per una sorta di comunicazione errata o per presupposti diversi o per paura.

Fatto sta che questo lo costringe a dover rimanere dalla mattina alla sera all'interno del suo punto vendita come si sta agli arresti domiciliari. Va da sé che così facendo nascono molteplici problemi, come anche solo la *"mancanza d'aria"* di quando si rimane fino a 14 ore nello stesso posto. È normale che poi non si riesce più a capire cosa si sta facendo, il motivo per cui lo si fa.

Ci si sente svogliati, stanchi, anche solo di sistemare le riviste in modo ordinato o dare una bella sgrassata ai vetri.

Salutare poi l'ultimo cliente del giorno o servirlo in maniera degna diventa un'impresa da record.

Si può incolpare Internet, i distributori, i clienti o gli editori, ma ti assicuro che queste generalizzazioni, perdendo di vista l'obiettività, non fanno altro che castrare il tuo pensiero e sbarrarti nuove opportunità, che, in questo momento storico, proprio per come le cose cambiano a una velocità elevatissima, tutti abbiamo e, soprattutto, in modo democratico.

Se ci pensi è così. "Basta volerlo".

È che le persone in genere dicono di volere, ma poi quando arriva il momento di alzarsi e agire, anche in modo diverso da come hanno fatto prima, preferiscono lamentarsi, piangersi addosso e incolpare l'esterno e mai l'interiorità di sé.

Ogni giorno la vita può donarci possibilità,

potremmo conoscere persone che potrebbero cambiare il corso della nostra vita ma... dobbiamo essere sempre pronti.

E come lo si diventa?

Sicuramente con decisione e azione.

Possiamo leggere tutti i libri che vogliamo, seguire qualsiasi corso di formazione, ma se non agiamo per intercettare il nostro destino qualcuno lo farà per noi. E questa è la notizia più triste: se non lavori per te stesso, lavorerai per altri.

"Se non realizzi il tuo sogno, qualcun altro ti farà lavorare per realizzare il suo" Daniel Vittori

Ti sembrerà banale e scontato, ma in fondo non lo è.

Perché se fosse semplice, allora lo farebbero tutti: molto probabilmente non lo è.

Il mondo è cambiato, l'essere umano è cambiato, vogliamo e pretendiamo servizi sempre più fini e su misura, prodotti ordinati e consegnati in tempi record, non abbiamo tempo per aspettare, né vogliamo più farlo.

La tecnologia sta accelerando drasticamente e noi non possiamo far nulla per fermarla, ma possiamo capire come sfruttare in pieno tutte queste risorse e metterle a nostro servizio, invece che farci *"impressionare"* e bloccare.

Fino a solo un anno fa, o meglio fino a una manciata di mesi fa, non avremmo pensato che diventasse *"normale"* fare una riunione tramite piattaforme virtuali.

Fino a qualche mese fa per molti era qualcosa di impensabile concludere anche affari importanti dietro uno schermo, in modo virtuale, senza nemmeno bisogno di stringersi la mano dal vivo.

Questo per dirti che non dobbiamo avere e vivere con paura il diverso, ma diventa anzi necessario uscire dalla nostra zona di confort: per diventare la persona che non sono mai stato devo fare cose che non ho mai fatto.

E tu cosa sei disposto a fare per cambiare?

Com'è nata "Edicole&100"?

Ormai mi stai conoscendo e stai scoprendo cose di me che non sapevi ed è arrivato il momento di dirti quando ho fatto veramente il *"salto"*.

Quando è stato che ho gettato il cuore oltre l'ostacolo e mi sono spinto a realizzare qualcosa che mai nessuno fino a oggi è riuscito anche solo a pensare.

"Edicole&100" è un progetto che nasce dalla voglia di cambiare in modo etico le edicole.

Era il giorno 11 di giugno, 2019 e dopo pranzo ricevetti una chiamata che cambiò il corso della mia vita.

Era uno dei distributori locali che mi sollecitava a pagare la merce consegnata, nonostante l'avesse fatto appena pochi giorni prima, e io ancora non avevo avuto il tempo di venderla.

Ma lui (come al solito) si presentava con la sua solita arroganza opprimente, arrivando a minacciare (addirittura) – quasi senza un reale motivo – la sospensione della fornitura.

Questo tipo di sollecito a me personalmente non era mai arrivato, fu la prima volta; ma immedesimandomi nei sentimenti dei miei colleghi, a cui magari succedeva più spesso, ho trovato quella spinta, in quell'istante, a voler dare una svolta, e così...

Andai dal mio fratello Federico, anche lui gestore di un'edicola, e quel pomeriggio armati di carta e penna iniziammo a scrivere, a mettere tutto nero su bianco, cosa avremmo voluto realizzare per il futuro e le azioni per farlo.

La base su cui poggia tutto è, come ti ho già detto, la creazione di un forte senso di appartenenza a un gruppo, edicolanti sia giovani che meno giovani ma pronti a cambiare, a mettersi in gioco e capire che loro sono i padroni della propria azienda.

Sono imprenditori di sé stessi.

Il nome *"Edicole&100"* è preceduto da una *"&"* commerciale, proprio per far capire che bisogna iniziare a fare commercio, creare i presupposti nel proprio punto vendita.

È vero, gli edicolanti non decidono il prezzo di rivendita dei quotidiani, dei libri e delle riviste, è imposto e noi siamo percentualisti sui prodotti editoriali forniti dalla rete distributiva.

Ma c'è la possibilità di diversificare, inserire nuova merce non solo legata necessariamente a quella intrinseca all'editoria, grazie alla quale è possibile ottenere marginalità superiori.

Un enorme contributo e cambio di direzione è avvenuto grazie alla Legge Regionale Numero 22 del 6 novembre

2019, che ci offre la possibilità di sfruttare il 40% della superficie con nuovi prodotti di vendita.

Quindi, come diciamo in *"Edicole&100"*, hai avuto su un piatto d'argento la strategia:

"usa al meglio il 100% del tuo 40%".

Questo snatura il concetto di edicola?

Assolutamente no.

Noi siamo giornalai, vendiamo la carta stampata e questo resterà per sempre il concetto prioritario del nostro lavoro.

Ma dobbiamo anche capire che così come le abitudini, i clienti e le vendite mutano con il passare degli anni, anche le edicole necessitano di un rinnovamento in ogni sua parte, anche quella più radicata, come appunto pensare che si debbano vendere solo quotidiani e riviste.

In società è entrato anche mio fratello, Federico Ferri, che ha portato momenti di riflessione e soluzioni, ma soprattutto ci ha permesso di stabilire quei ruoli che prima facevamo fatica a rispettare, perché presi da un'onda lavorativa gigante. Non ci ostacoliamo mai l'uno con l'altro e rimaniamo fedeli a quanto concordato.

Il 12 gennaio 2020 abbiamo organizzato il primo evento in cui abbiamo riunito circa 20 punti vendita e diverse persone correlate. In tutto siamo stati in 160: per il tipo di evento e i tempi ristretti in cui lo abbiamo organizzato ne siamo rimasti sbalorditi. *"Edicole&100"*, ad oggi, settembre 2020, sta crescendo sia come numero di iscritti, sia come proposte che sottoponiamo alla nostra famiglia.

Sì, così la voglio chiamare.

Una grande famiglia fatta di persone vere che ogni giorno si alzano di mattina presto e per le quali è giunto il momento di non sentirsi più sole.

Quella che era un'attività per troppo tempo messa al margine e derisa da molti ora sta rinascendo, grazie anche al riconoscimento avvenuto durante lock-down, che l'ha identificata come bene di prima necessità.

Infatti, abbiamo avuto la possibilità di rimanere aperti, nonostante le città fossero diventate spettrali. Abbiamo potuto incalzare la nostra missione: dare parole di conforto alle persone che si sentivano smarrite dai cambi continui di direttive.

Abbiamo dato la luce per uscire di casa, laddove non si poteva, e donato senza riserve,

Le edicole han potuto rivivere una rinascita: infatti potevano fare consegne giornaliere all'interno delle abitazioni, offrire servizi, come i buoni spesa o la distribuzione di mascherine, con l'attività aperta 7 giorni su 7, 14 ore al giorno.

Noi con *"Edicole&100"* ogni giorno creiamo nuove iniziative, lavoriamo per fare del bene, ci mettiamo la faccia, nonostante la consapevolezza che gli edicolanti potrebbero essere restii a entrare in un progetto dove devi metterti in gioco.

Una categoria che ha perso credibilità, colpa delle distruzioni fatte anche a livello di immagine da chi ci ha *"rappresentato"*.

Ecco la domanda che mi ha spinto: "Ma io, mi sento davvero rappresentato? Ma da chi?".

E così, ho voluto diventare io stesso quella persona che rappresenta gli edicolanti, lavoratori che non devono accontentarsi delle briciole, che non devono essere costretti a lottare per il centesimo della copia venduta.

Voglio che i nostri diritti, come persone prima di tutto, abbiano giustizia attraverso un nuovo abito, mai usato prima ma che rimane tradizionale.

Questa è la ventata di novità, di cambiamento, che i giornalai meritano di respirare.

Nessuno escluso.

Ora, ti ho anticipato solo come ho iniziato con quest'impresa. Nel capitolo 4, ti racconterò, nel dettaglio, cosa facciamo in *"Edicole&100"*, la nostra mission, lo scopo e i valori che ci differenziano.

Ti aspetto lì.

Contributo Dott. Dino Caterini

Bel titolo.

Bella idea.

Quando Alessandro mi parlò di questa rivoluzione, che si apprestava fare nel mondo delle edicole, ho trovato l'idea meravigliosa e accattivante, oltre che coraggiosa.

Non è facile spiegare a un edicolante, che fa questo mestiere da 20 anni o più, che i tempi sono cambiati e non funziona più il: *"metto davanti solo le riviste che si vendono da sole",* tipo quelle degli editori, che spendono in pubblicità, oppure i classici, del tipo: Tex, Topolino, la Settimana Enigmistica, etc.

E la rivoluzione inizia proprio dal cambiare l'atteggiamento dell'edicolante, il quale, come giustamente proposto da Alessandro, può prendere per mano il cliente e presentargli le nuove uscite, facendolo sentire importante.

Come se l'edicola fosse una dependance di casa sua, recarsi in edicola diventerebbe un momento di relax, di riflessione e, con le parole di Ezio Maria Romano, un vero e proprio *"autogrill per il pedone",* dove poter trovare tutto quello di cui si ha bisogno.

Il tutto condito da una gentilezza unica.

Insomma, riuscire a fare, di un'edicola, un centro, non solo di vendita, ma anche di cultura e di riferimento per il quartiere.

Bravo Alessandro!

Dott. Dino Caterini,
Direttore "Scuola Internazionale di Comics"

Capitolo 2:
Come trarre profitto con un'edicola

Negli ultimi 15 anni, le licenze delle edicole italiane sono passate da 42 mila a 23 mila. In pratica si sono dimezzate.

Un dato che aggrava il (triste) bilancio dell'ultimo decennio: tra il 2011 e il 2019, infatti, la rete della rivendita di quotidiani e riviste ha perso 4.102 attività, circa un quarto, il 22%, del totale delle imprese, passando da 18.447 a 14.345. In media, nel 2019, hanno chiuso 4 edicole al giorno.

Sei edicole italiane su dieci realizzano utili inferiori ai diecimila euro annui.

Questo il quadro dell'editoria odierno, che, come hai capito, sta costringendo migliaia di addetti a lasciare abbassate le saracinesche: un quadro davvero impietoso.

E ancora, tutti i quotidiani hanno riportato crolli percentuali in doppia cifra, che superano anche il 50% in certi casi. Certamente sono cambiate le abitudini degli italiani, che tendono a informarsi più che altro sulle edizioni online.

"Ma quindi Alessandro dovrei investire ancora in un sistema del genere? Chi me lo fa fare?"

Hai ragione.

Ma lascia che ti dica il vero problema di fondo: gli edicolanti sono stati lasciati soli, come se non ci si rendesse conto che togliere l'ultima pedina della filiera significa di fatto azzoppare la filiera stessa.

È proprio per questo che ho voluto creare *"Edicole&100"*, al fine di sensibilizzare sul danno causato dalla costante moria delle edicole, che non sono spazi superati come si vuole far credere, ma pedine fondamentali nella geografia urbana.

Pensiamo ai centri di piccole dimensioni, dove la chiusura di questi spazi si traduce automaticamente nell'impossibilità per i cittadini di acquistare quotidianamente il giornale.

Difficilmente si prenderà l'automobile e si percorreranno chilometri per farlo: dunque la chiusura porterà a una riduzione del fatturato per editori che già non se la passano bene.

Gli edicolanti devono interfacciarsi con una vera e propria giungla, ordini che arrivano in ritardo o sbagliati e con un aumento spesso poco trasparente dei costi delle consegne che influisce ulteriormente sui già bassi ricavi giornalieri.

Tutti questi aspetti vanno gestiti dagli edicolanti in

contemporanea all'afflusso dei clienti, causando non pochi problemi e riducendo dunque la qualità del servizio offerto.

In un momento già difficile per il settore, a uscirne compromessa è ovviamente la fidelizzazione del cliente.

"Edicole&100" vuole allora accendere i riflettori su un mondo che con il passare del tempo ha iniziato a passare per scontato e inosservato ma che, purtroppo, sta morendo, causando la perdita di tutti quei benefici che gravitano attorno all'edicola di quartiere.

Ci si renderà poi conto troppo tardi che le persone, in fondo, non possono farne a meno, sono spazi necessari, fornitori di cultura e di pluralità informativa.

Come dicevo prima: quel chiosco dove si passa davanti ogni giorno, che ormai *"fa parte"* dell'urbanizzazione delle nostre città, è considerato senza più alcun valore, senza tener conto che sono luoghi praticamente *"storici"*, simbolo di socialità e cultura.

La stampa, l'editoria, non possono essere sottoposte a censura: lo dice finanche la Costituzione Italiana.

Ti basti pensare che durante il lock-down avvenuto a seguito della crisi mondiale sanitaria causa Covid-19 (marzo/maggio

2020) le edicole hanno avuto il permesso di restare aperte: questo fa capire l'importanza che hanno; sono riconosciute come bene di prima necessità.

Ti sembra poco?

In un paese dove in molte aree rurali migliaia di comuni vivono senza internet e dove la metà della superficie nazionale non è coperta dall'internet veloce, la morte delle edicole e delle librerie (visto che la stessa sorte sta toccando anche a loro) si traduce in privazione dell'accesso alla cultura.

La cultura.

Come vedi si tratta di proteggere, preservare e riqualificare un settore che porta con sé un'area fondamentale della nostra vita.

Vogliamo dare, quindi la possibilità di una seconda vita alle edicole: la crisi di queste è assolutamente reversibile. Le edicole rappresentano i custodi di prodotti che non smetteranno mai di essere venduti ma è necessaria in questo momento storico una salda riconversione, un robusto aggiornamento che non possiamo aspettarci dai nostri governanti, ma che dobbiamo in autonomia decidere di iniziare a intraprendere.

Per il bene... di tutti.

Acquisire consapevolezza delle difficoltà, rimboccarci le maniche e modificare il modo in cui era percepita l'edicola classica in qualcosa di rivoluzionario, che va dalla sola tradizionale vendita di riviste e quotidiani a qualcosa di più ampio, più efficace che vada a rispondere alle esigenze delle persone *"del quartiere"*.

E non solo: creare edicole con più strade alternative e trasformarle in veri e propri punti di aggregazione polifunzionali, con progetti sociali.

La nostra filosofia è il rafforzamento del senso di appartenenza a un progetto unificato, saldo e potente che parte proprio da una maggiore cultura interna e si basa sulla responsabilità sociale d'impresa.

È grazie al senso di appartenenza a un gruppo (mai esistito prima) che è possibile condividere idee, pensieri e informazioni di valore e crescita, che si diventa una squadra in grado di fare un gioco atto a vincere contro tanti nemici subdoli e spietati.

Tutti assieme per correre in un'unica direzione, fare rete, costruire una comunità tra edicolanti che diventi un veicolo per ascoltare, comprendere e soprattutto risolvere i problemi, senza mai più sentirsi soli.

Costruire una cultura che supporta i membri del nostro team e dei nostri partner, in modo da fornire ai clienti finali un servizio migliore ogni giorno è la missione di tutto questo.

Vogliamo far diventare ogni edicola, senza lasciarne indietro nemmeno una, il punto di riferimento del proprio quartiere per la vita quotidiana delle persone: bambini, anziani, adulti tutti *"aggregati"* da questo punto nevralgico rivoluzionario.

A proposito di numeri. Te ne propongo altri: dopo il lock-down, in questi ultimi mesi, lo scenario è diventato ancora più complesso.

A oggi secondo i dati ISTAT il 33% delle edicole rischiano di fallire. Una su tre.

È davvero un dato allarmante e drammatico,
ma…, c'è un ma…

Questo è un rischio e non vuol dire che avverrà di sicuro, ma ciò che bisogna necessariamente fare è iniziare a usare delle strategie: non si può più e non ci si può più permettere, come si è fatto fino a pochi anni fa, di *"appoggiarsi"*, *mettere* la testa sotto la sabbia pensando che in modo automatico tutto si risolva da solo e che i clienti entreranno dall'oggi al domani come per magia. Essere e pensare in modo passivo dinnanzi a tutto questo comporterà la morte di tante attività.

Quindi diventa necessario cambiare la mentalità, fare quello switch senza il quale rimarresti incastrato in un modello vecchio che ti porterebbe sicuramente al fallimento: se non cambi fallisci.

Questa la realtà nuda e cruda: per quanto ti possa risultare "antipatica" è così.

"Ma in che modo? Io ho sempre fatto in quel determinato modo".

Innanzi tutto, devi renderti consapevole che l'edicolante è un imprenditore ed è a capo di un'azienda e in quanto tale deve formarsi continuamente.

Una qualsiasi azienda sopravvive e produce reddito grazie al miglioramento del canale di vendita, del marketing, di come fidelizzo i clienti, che comunicazione metto in atto, che prodotti scelgo di vendere e tanti altri molteplici fattori.

A oggi ci sono nicchie di persone che ancora comprano il biglietto, la bottiglietta d'acqua (su questa si ha un margine di cinque volte che su un solo quotidiano), le figurine, il libro: sta a te far capire che la tua edicola è un contenitore di idee e servizi, anche innovativi che vanno oltre ai classici prodotti.

Il cambiamento deve arrivare però dal tuo interno.

Noi possiamo darti delle strategie, offrirti delle consulenze, accenderti la miccia con nozioni di business, ma sei poi tu che devi proseguire.

Quello che oggi fa la differenza non è più la vendita fine a sé stessa del prodotto, ma l'esperienza che lega il cliente alla tua attività. Ad esempio, devi iniziare a segmentare i clienti, non puoi pensare di rivolgerti a tutti.

Tu sei unico e hai la tua filosofia, la tua storia, i tuoi valori, il tuo stile, la tua comunicazione.

Che cliente vuoi raggiungere, cosa esprimi con il tuo modo di essere, volere e fare?

Chi vuoi fidelizzare?

Devi iniziare a pensare in modo trasversale, come non hai mai fatto prima. Lo so, sono domande scomode e difficili, ma sono proprio le risposte i tuoi nuovi punti di partenza e successo.

La clientela non deve essere mordi e fuggi.

Oggi il cliente è molto attento a quello che sta cercando o si aspetta di trovare qualcosa adatto a lui, delle idee per un regalo, un pensiero per nipoti, il cagnolino o magari prodotti di alta qualità.

E tu con la tua edicola devi andare a capire e intercettare questi bisogni.

Offrire considerazione, comunicazione, accoglienza e differenziazione con stile e proposta di valore nonché trattare con i guanti chiunque, anche chi non compra subito: queste le carte vincenti.

Ad esempio, smettila di pensare di essere un venditore nudo e crudo, ma comincia a vederti come un vero consulente che con arte non spinge mai la vendita esclusivamente per il proprio interesse, ma che ha a cuore anche l'interesse del cliente curando estetica, marketing, come espongo i prodotti e come li propongo.

Capisci la sostanziale differenza che si può attuare e perché l'edicola ha davvero un'enorme opportunità?

Costruire con una logica di condivisione che ha un'offerta di prodotti e servizi *"su misura"* consente di migliorare il posizionamento competitivo sul territorio.

Pensa a tutto quello che puoi offrire: i volumi, le collezioni o le uscite per assemblare la barca, la moto, il corpo umano per determinate nicchie.

Con l'uscita del primo volume hai l'offerta per cui lo comprano, ad esempio in dieci, ma se anche un solo cliente continua a farla e rimane affezionato a quella determinata collezione la perseguirà fino alla fine creando per te un reddito anche automatico, perché ogni mese tornerà.

Va da sé che devi essere tu a dargli quel valore aggiunto di farlo venire in edicola da te piuttosto che fargli preferire la spedizione a casa.

Vogliamo parlare delle figurine?

Prima uscivano solo in determinati momenti dell'anno, adesso in pratica le trovi sempre. Sono intramontabili e rappresentano la principale attrazione per i bambini.

Guarda ad esempio il calcio: prima c'era solo il campionato, ora c'è la UEFA, la Champions, la FIFA, il Calcio Femminile, quelle con la *"Card…"* insomma hai la possibilità di venderle sempre e costantemente. Si tratta di fidelizzare, anche in questo caso, il cliente.

E tutte quelle persone un po' *"maniache"* che completano gli album come un vero e proprio business? Hai mai chiesto le motivazioni di acquisto? Ti sei mai soffermato a capire il perché c'è chi compra una cosa piuttosto che un'altra?

E se ti dicessi che ci sono davvero potenziali clienti a cui invece che vendere un solo pacchetto puoi far scoprire tante altre novità?

Sì, è possibile.
Lo scoprirai nel capitolo 4.

L'edicola è anche meglio di un negozio.

Quante volte siamo entrati in un negozio e ci siamo sentiti imbarazzati senza quella libertà di guardare, scoprire, testare?

Nell'edicola vi è tutta un'altra mentalità,
proprio intrinseca al suo "essere".

È quella di essere percepita come una "bancarella": sono a passeggio, tocco, guardo, osservo… chiedo, poi magari ripasso.

L'edicola ha molte più opportunità ma spesso manca la concezione di essere noi per primi dei venditori (non conoscendo a volte le strategie di vendita) e quindi non è sfruttata in pieno. È vero, una volta si vendeva di più e sempre quasi "in autonomia".

Sì, ì quotidiani non si distribuiscono più come una volta: ma ben vengano. Quando su un libro hai cinque volte la marginalità di un solo quotidiano, allora focalizza la tua attenzione sull'opportunità, non su un fattore che non esiste più.

C'è internet e i quotidiani non li legge più nessuno?

Se da un lato sono cambiate le abitudini, sappi che esisterà sempre quella fetta di clientela che ancora vuole il cartaceo (un po' come con i libri: nonostante i Kindle molti restano affezionati all'odore della carta, a *"possederli"* materialmente).

D'accordo, oggi lo scenario si è completamente modificato, ma si è anche ribaltato: è tutto in mano tua il gioco e hai il grosso vantaggio di poter offrire gadget, libri, servizi... insomma, ampliare il ventaglio.

Oltretutto stai prendendo consapevolezza di nozioni che magari prima ti sfuggivano proprio perché in edicola ci passi in media 12 ore al giorno e senz'altro non hai così tanta voglia di approcciarti a queste nuove modalità di pensiero.

Ti capisco.

Oggi ho sei edicole, te l'ho già raccontato.

Ma lasciati trasportare da queste nozioni, falle tue e deciderai: non mettere dei fermi, dei blocchi e delle riserve.

Ascolta tutto senza giudizio e alla fine tirerai le tue somme.

Immagine di Gianfranco Tartaglia:
"L'Edicola Oggi"

Contributo Dott. Pier Fabrizio Santovetti

Un bel libro. Anzi un bel manuale, questo scritto da Alessandro Gian Maria Ferri.

Uno di quei manuali che ci piaceva leggere quando eravamo ragazzi per imparare ad affrontare quello che sarebbe stato il nostro futuro, facendo tesoro dell'esperienza maturata da chi è più grande di noi e che di esperienza poteva distribuire cene in abbondanza, avendone maturata tanta in tanti anni di vita.

La singolarità di questo *"manuale"* di Alessandro è che esso è stato scritto da un giovane: un giovane che ha fatto un suo percorso di vita e di esperienza, e che ha voluto mettere questo percorso a disposizione, non solo di chi si accingeva o si accinge a compiere la sua propria esperienza di vita e di lavoro, ma anche di chi ormai si era *"seduto"* sul proprio tran-tran quotidiano di lavoro senza alcuna aspirazione a modificarlo in senso più ampio, più moderno, più aderente all'evoluzione di tempi e di esigenze nuove.

Ora, da dove ha preso le mosse Alessandro per dar vita ai suggerimenti contenuti nel suo manuale?

È partito dall'"Edicola", cioè dalla sua "azienda di famiglia".

Sì, perché l'edicola, con i suoi problemi, i suoi costi, con le sue esigenze di sviluppo, con i suoi rapporti con il pubblico, altro non è che una piccola impresa famigliare, una di quelle centinaia di migliaia di piccole imprese famigliari che costituiscono il tessuto economico connettivo del nostro Paese.

E quanto più un'impresa vuole crescere, tanto più deve porsi degli obbiettivi e darsi un metodo per realizzarli.

Se si rimane *"seduti"*, in attesa che le cose cambino spontaneamente, si resta fermi, anzi: si rischia di tornare indietro, se non addirittura di scomparire.

Chi scrive queste note ricorda che, quando era ragazzino, sul suo percorso casa-scuola esistevano quattro edicole: una sufficientemente grande (ma sempre di una dimensione che oggi si definirebbe piccola) e tre erano chioschetti che non si capiva come sarebbero potuti restare in piedi, se mai si fosse scatenato un temporale, di quelli che oggi vengono esemplificativamente detti *"bombe d'acqua"*.

Ebbene, attualmente a 75 anni di distanza, ma già da molto tempo per la verità di quelle quattro edicole non ne esiste più nessuna...

tanto per dire...

Ecco perché il "manuale", scritto da un giovane con buone idee, che sappia indicare regole semplici ma

chiare e concrete, può essere di grande aiuto nella crescita di quell'impresa familiare che ha bisogno di nuovi orizzonti per svilupparsi e per offrire servizi più ampi e più moderni al pubblico.

Tenendo presente che un'edicola che riapre (anzi: che allarga le sue capacità operative) è un simbolo concreto, a portata di mano, di una nazione che cresce: sul piano culturale, ancor prima che su quelli relazionali e commerciali.

Dott. Pier Fabrizio Santovetti,
Già Vice direttore TG1 RAI

Capitolo 3:
Come strutturare un'edicola di successo

In questo capitolo leggerai alcuni dei *"trucchi"*, già applicati in parte dai nostri iscritti, grazie ai quali trasformerai decisamente la tua edicola, e avrai la percezione di altri punti fondamentali per iniziare il tuo processo di miglioramento e ottimizzazione del tuo lavoro.

Vediamoli.

- *Curare l'ambiente, il punto vendita, a livello "materiale", di struttura dell'edicola.*

- *Capire perché avere dei collaboratori è essenziale, così come investire (non solo economicamente).*

- *Sbagliare è umano, perseverare è diabolico.*

- *Come affrontare ottimamente la vendita: tu sei un venditore.*

- *Qualche strategia marketing.*

**Curare l'ambiente, il punto vendita, a livello "materiale",
di struttura dell'edicola.**

Ti chiedo di fare questo.

Prendi una sedia, una mezz'oretta del tuo tempo, al mattino prima del grande afflusso dei clienti o la sera prima di chiudere, quando preferisci: basta che tu stia concentrato per tutto il tempo su quello che ti sto per chiedere di fare.

Carta e penna.

Bene.

*Ora che hai questi quattro "ingredienti",
prepariamo una torta.*

Sto scherzando, non si tratta di cucinare nulla (anche se ormai conosci la mia passione per i fornelli) ma di sederti fuori dall'edicola come se tu fossi uno spettatore (non in una giornata di pioggia) e osservare il tuo chiosco.

Osservalo in tutti i dettagli.

*Ora, sul quaderno o blocco, scrivi tutto quello che secondo te
andrebbe migliorato.*

Tutto. Senza pensare all'investimento necessario di tempo e soldi. Concentrati a segnare ogni cosa. Come se lo stessi guardando con gli occhi di un tuo cliente.

- *Ci sono delle migliorie che potresti fare?*

- *Ci sono delle cose che assolutamente vanno messe a posto?*

- *Ci sono elementi da aggiungere al fine di renderlo più accogliente?*

- *Ci sono delle ristrutturazioni, anche piccole, che puoi fare?*

È chiaro che, con il passare del tempo e degli anni, dopo 10/12 ore al giorno che trascorri dentro la tua edicola, per te molte cose diventano *"normali"*.

Il *"gioco"* di oggi è proprio quello di correggere quello che è "normale", ma che non è il caso di lasciare ancora così. Basta rimandare a domani, perché il domani diventa una settimana, la settimana mesi, i mesi anni: quello che succede è di *"vivere"* in un ambiente trasandato e trascurato.

Ovviamente lo devi fare per te, perché in fondo è la tua seconda casa, ma anche e soprattutto per i clienti.

Devi passare l'edicola allo scanner dal di fuori e giudicarla senza alcuna pietà, non come un cliente *"normale"*, ma anche esigente e rompiscatole.

Come se l'aspetta il Dottor Rossi,
che arriva da te ben vestito, profumato,
con barba e capelli fatti ogni giorno?

Lo so, la maggior parte dei clienti non sono così, ma se vuoi attrarre proprio loro è per loro che devi iniziare a pensare e ad agire.

Sii il più critico possibile.

Intanto trascrivi tutto, poi con il tempo passerai all'azione.

Ormai sono anni che la tua edicola è "conciata" così, qualche giorno in più o in meno non cambia.

Ma ora è giunto il momento di partire.

Poi, se è il tuo punto vendita è già pulito, luccicante, profumato, perfettamente in ordine allora lascia stare questo punto e passa direttamente al prossimo, anche se il mio invito resta valido e dovresti farlo comunque.

Credo che migliorare si possa sempre.

- *Vetri da pulire?*

- *Lampadina da cambiare?*

- *Pavimento obsoleto?*

- *Ceste messe fuori che intralciano?*

- *Disordine?*

- *Mancanza di senso dei reparti?* (Ad esempio, le riviste son ben suddivise nei settori? Auto, uomini, cucina, salute, donne, ecc.)

- *Serrande e vetrine lasciate vandalizzate dai writers?*

Esci dall'edicola, anche materialmente, e apri gli occhi, nel senso lato della parola, con coerenza e umiltà; chiediti cosa puoi migliorare in maniera distaccata.

Trova il tempo per farlo.

A volte non è nemmeno una questione economica, (una lampadina quanto costa?) ma la *"sola voglia"* di mettersi a farlo.

Avere un ambiente malsano rende anche difficile

condividerlo con i collaboratori che lavorano con te; infatti, avere tutto ottimizzato ti permette di:

1. *Trovare meglio le cose e in modo più sollecito.*

2. *Invogliare maggiormente il cliente, quindi vendere di più.*

3. *Lavorare meglio tu stesso e più volentieri.*

Curare il tuo ambiente, pulirlo, renderlo ordinato e sano è la base minima, il punto da cui partire da oggi. Vedo spesso ambienti malsani, disordinati e spesso ahimè anche sporchi.

Tu *"vivi"* in questo ambiente 10/12 ore al giorno, ma soprattutto come pretendi poi che i tuoi clienti tornino volentieri se non per un prodotto *"mordi e fuggi"*?

Prima ti ho dato degli spunti di base, eccone qualcuno un attimo più impegnativo, ma se pensi che lo ammortizzi per anni, davvero diventa irrisorio.

Avere un tavolino con due sedie esternamente, mettere in terra un prato sintetico, all'interno del parquet adesivo in p.v.c. facilissimo da montare, dei fiori decorativi in vaso, un frigo da banco per bibite reperibile e uno a colonna con porta trasparente, aria condizionata e/o riscaldamento, tende che evitano il sole battente su vetrine e prodotti, un punto internet con il quale essere in collegamento e in remoto con altre edicole ed eventualmente da *"offrire"* ai clienti.

Fai che la tua routine, la tua fissazione da oggi sia potenziare, rinnovare e ottimizzare la tua sede di lavoro.

Ovviamente questo è un servizio che offriamo ai nostri iscritti, per avere una visione nuova del proprio punto vendita. A volte le edicole hanno anche spazi immensi e non sfruttati.

Diventa necessario quindi cambiare radicalmente l'"opinione" che hai della tua edicola.

Spesso sento dire: *"Tanto è solo un'edicola"* e quindi ci si arroga il *"permesso"* di vestirsi in tuta o in infradito, o se una lei, con il vestito da *"donna di casa"*.

Mi spiace se ti senti colpito, ma purtroppo la realtà è che vige una regola non scritta di trascuratezza generale, anche della persona, che va assolutamente modificata.

Oggi.
Prima era concesso fare tutto, oggi l'immagine è molto,
se non tutto: l'abito fa il monaco.
Mettitelo ben in testa.

Per trasferire una buona immagine di te, a volto il costo è praticamente zero. Quindi non puoi più nemmeno dire che hai la scusa dei soldi.

Certo: devi prenderti qualche ora del tuo tempo e cambiare alcuni degli atteggiamenti di prima, ma di sicuro è il primo migliore investimento che tu possa fare per te stesso e il tuo lavoro e infine… per le tue tasche.

Capire perché avere dei collaboratori è essenziale, così come investire (non solo economicamente).

Abbiamo già parlato dell'importanza di iniziare a delegare e non fare tutto da solo, ma riprendiamo il discorso, in questo contesto di trasformazione.

Fare tutto da soli è difficile, e a volte,
impossibile.

Cominciare a coinvolgere altre persone ti serve per creare quel *"più tempo per te stesso"*, ma anche per sbloccarne per riflettere, meditare su come la tua attività possa passare a un altro livello.

Prendere decisioni a mente fresca, o comunque meno sopraffatta da mille pensieri serve a prendere delle decisioni efficaci e *"giuste"*.

Quando sei in uno stato di ansia, stress, con carichi pesanti che arrivano da tutte le parti è davvero improbabile che ti sovvengano gli stimoli anche per nuove idee.

Quello che ti invito a fare è provare a valutare di condividere la tua attività, non con persone esterne, ma con i tuoi familiari.

Ci hai mai pensato?

Fino al terzo grado di parentela ci sono molte agevolazioni fiscali: un consulente del lavoro sicuramente ti potrà dare tutte le indicazioni del caso.

Un fratello, una sorella, uno zio, un cugino, una cugina anche lontani, che magari in questo momento si trovano in difficoltà.

Inoltre, tu sei un imprenditore, sei a capo di una vera a propria azienda, e in quanto tale "automatizzare" qualche processo (tutti, chissà un giorno, ma per adesso vale la pena anche solo per quel paio di aree lavorative) ti può far fare quel passo ulteriore per trovare più soddisfazioni a livello personale e imprenditoriale.

Ora una breve e concisa frase sugli investimenti.
Sarà semplice ma esaustivo.

Devi mettere in conto, se vuoi migliorare la tua vita, la tua edicola, la tua attività che ci sono delle risorse da investire.

Soldi, strumenti, tempo, formazione.
Se non investi nulla non puoi pretendere nulla.
Questa è la nuda e cruda realtà dei fatti.

Hai due possibilità: investire o continuare a fare le cose come hai sempre fatto, fermo restando che ti abbiano portato a una situazione di felicità e appagamento.

A te la scelta.

Così come prima ti ho fatto sedere fuori dalla tua postazione per osservarla con occhi diversi, ti rimando ancora una volta ad armarti di tanta sana pazienza e riflettere nuovamente.

Pronto?

Quando s'inizia un progetto, di qualsiasi natura esso sia, servono:

- *Competenze.*

- *Strumenti materiali.*

- *Persone e/o collaboratori.*

- *Scoprire il vero motivo che ti spinge a realizzarlo;*

- *Una data e seguire i piani prefissati.*

Facile, vero?

Ammetto di essere stato un po' *"semplicistico"*, tuttavia, se ci pensi, tutto quello che è necessario sono solo queste poche cose, ma di fondamentale importanza.

Quindi se vuoi dare un'accelerata alla tua edicola, fermati e pensa, pensa, pensa... Infatti, ancora più basilare, prima del partire, è fare *"mente locale"*, crearsi un progetto a *"tavolino"* per poi metterlo in pratica.

Sono anche consapevole che possono capitare gli imprevisti e qualcosa si potrebbe modificare strada facendo: le interferenze sono normali in qualsiasi processo.

La tolleranza, soprattutto con sé stessi, è fondamentale, ma che non diventi una regola.

Vediamo punto per punto quello che ti serve.

Competenze. Sono tutte quelle abilità necessarie per creare e portare a compimento il tuo proposito.

Accrescere sé stessi è il passo per evolvere;
esaminare e analizzare ogni dettaglio della tua edicola,
come avvengono determinati processi,
contribuirà a perfezionarli.

Strumenti materiali. Ne abbiamo già parlato nel punto precedente. Ma voglio aggiungere e ricordarti che grazie alle normative puoi inserire nella tua rivendita anche prodotti non correlati necessariamente a giornali e riviste; servizi aggiuntivi fino a ieri impensabili da offrire ai clienti nelle edicole.

E in questo noi di "Edicole&100" ti daremo grandi
agevolazioni.

Persone e collaboratori. Una cosa su cui riflettere davvero importante: le persone che ci circondano. Frequentemente nella mia vita ho capito che a volte è meglio toglierne che aggiungerne.

È vero, prima ti ho invitato a riflettere sulla necessità di trovare nuovi collaboratori, ma punta sempre un occhio anche se attualmente quelli presenti fanno a caso tuo.

Perdona la mia franchezza, ma devi fare a meno di tutte quelle persone negative, che non ti supportano, che ti prendono in giro o non ti stimolano; che anzi, ti mettono i bastoni tra le ruote, ti sfiduciano e non ti permettono di evolvere e perseguire il tuo lavoro con entusiasmo e passione.

Le uniche persone che puoi e che devi tenerti accanto sono coloro ai quali puoi dire del tuo progetto e che ti possano aiutare e stimolare costantemente nel tuo cammino.

I famosi *"gruppi di pari"* nascono proprio per questo motivo: contornarsi di chi ti rispecchia, la pensa come te, vede gli obiettivi come li vedi tu.

Non te ne servono molte, giusto quelle due o tre che t'incoraggiano e ti favoriscono per davvero, con cui condividere i tuoi progressi.

Fatti condizionare da quelle positive non negative. In "Edicole&100" ti garantisco che ci capiamo enormemente.

Scoprire il vero motivo che ti spinge. Una volta stabilito che per te ricopre importanza questo tipo di cambiamento, che è tra le tue assolute priorità, tieni sempre a mente perché lo hai iniziato, anche nelle giornate di *"pioggia"* e più cupe.

Quali sono state le motivazioni,
perché lo vuoi e
lo brami davvero.

Una data e seguire i piani prefissati. Un altro step essenziale. Mettere per iscritto, pianificare e programmare in ordine cronologico tutte le azioni che stabilisci e perseguirle è l'unico modo che ti porta al risultato finale.

Sono le azioni, seppur piccole, ma costanti ad accompagnarti al traguardo. Perdonati se un giorno salti, ma quello successivo, riparti da dove hai lasciato.

Disciplina, costanza, decisione e coraggio: le devi alimentare come la benzina nella macchina.

Non permettere a niente, a nessuna interferenza di interrompere il tuo viaggio. Anzi devi sapere che ce ne saranno e sempre maggiori, a mano a mano che raggiungi grandi traguardi.

Le abitudini sane creano comportamenti abituali. All'inizio è difficile tutto, è come doversi creare un vero e proprio nuovo stile di vita.

Devi essere onesto e chiaro con te stesso e decidere adesso se davvero lo vuoi.

Quello che porterà la tua edicola verso il successo, pulita, ordinata, traboccante di clienti, con del tempo libero per te stesso e per la tua famiglia, che ti rende soddisfazioni e orgoglio, dipende solo ed esclusivamente da te, dalla tua costanza e tenacia, nonché dal mettere in pratica passo dopo passo il tuo piano.

Sbagliare è umano, perseverare è diabolico.

Ecco come definisco il fatidico "sbaglio": sbagliare è la cosa migliore che uno possa fare in vita sua.

Se ci pensi tutti gli sbagli che hai fatto ti hanno portato dove sei oggi e sono certo che la tua vita possiede molti aspetti positivi.

Ecco, questi ce li hai perché hai sbagliato, sei caduto e hai imparato a fare tue moltissime cose.

Se hai sbagliato prodotto, collaboratore o disposizione, pazienza, non devi sentirti in colpa e fustigarti tutta la vita.

Nei limiti del possibile, ma grazie a voglia e perseveranza è possibile rimetterti in carreggiata. Qualsiasi cosa sia successa. Gli errori fanno parte del percorso, del processo di crescita e di ottenimento di livelli di vita più alti rispetto alla media.

Nascere imparati non è possibile e pensare che vada tutto bene e al primo colpo senza mai *"sbagliare"* è, oltre che improbabile, anche arrogante. Pretendere che tutto fili liscio sempre senza alcun ostacolo è fattibile: basta non fare e rimanere nel proprio stato vita natural durante.

Quello che fa la differenza tra il 97% delle persone infelici (sì, è proprio questa la media) e il restante 3% soddisfatte e appagate è come affrontano le peripezie inevitabili della vita: lo sappiamo tutti che è fatta di imprevisti, di errori di valutazione, di persone incontrate sbagliate, di opportunità mancate, ecc.

Quello che davvero conta è capire che sbagliare non è un fallimento, ma una prova. La strada verso il successo è lastricata di curve, di ostacoli e di persone che remano contro.

Sta a te e al tuo carattere forte e determinato
avanzare ugualmente.

Il mio invito, quindi, è proprio questo: smetterla una volta per tutte di non tentare perché sei spinto dalla paura del fallimento e limitare così le tue possibilità.

Ogni prova che fai è un modo per ricevere feedback su cosa non funziona e per scoprire di conseguenza cosa produce i risultati che vuoi ottenere. Se quando fai qualcosa e commetti uno sbaglio impari da quell'errore non lo puoi assolutamente definire una sconfitta.

Tutt'altro: questo è un risultato perché, attraverso quell'errore, hai compreso quali azioni dovrai attuare per essere maggiormente performante.

Non esiste l'insuccesso, ma ci sono esperienze che condizionano e migliorano i risultati, ripetendo il processo, apprendendo sempre più cosa fare o meno.

Spesso diamo una connotazione completamente errata alla parola *"fallimento"*.

Nello scenario comune si addita come *"fallita"* quella persona che non è riuscita in qualcosa, o che ci ha provato, ma n'è uscita *"perdente"*.

Niente di più sbagliato: il fallimento è insegnamento di quella singola *"sconfitta"*; è aver provato e non deve essere assolutamente confuso con l'essenza della persona.

È stato un suo personale passaggio, non qualcosa che lo identifica o etichetta: il fallimento non è nella persona ma, semmai, nelle sue azioni in un certo qual modo *"errate"*.

Quindi devi dividere il fallimento personale da quello dei processi sbagliati che hai usato.

Probabilmente la paura di fallire è uno dei motivi per cui le persone non sfruttano appieno il proprio potenziale e si privano della libertà di vivere la vita che vorrebbe, non provandoci nemmeno. Più quindi diventi flessibile, più otterrai quello che desideri, e questo vale in tutti i campi.

Se continui a fare quello che hai sempre fatto continuerai a ottenere quello che hai sempre ottenuto.

La flessibilità è una componente essenziale per ottenere il risultato desiderato.

Continua a variare il tuo comportamento fino a realizzare la vita che da sempre hai sognato.

Riparti da qui.

Come affrontare ottimamente la vendita: tu sei un venditore!

Un'edicola è un'azienda, in cui ci sono investimenti, rischio imprenditoriale, fornitori, logistica, banche, burocrazia, clienti, concorrenti, mercato e tanto altro.

Non è un semplice luogo in cui si passano alcune ore della giornata a lavorare. Due vendite su tre al dettaglio vengono perse per mancanza di un servizio efficace.

Perché i clienti son serviti in maniera superficiale o al contrario in modo troppo opprimente, non considerati abbastanza, non si offrono loro reali motivazioni per tornare o semplicemente perché si è comunicato in modo non idoneo.

Ogni persona che entra nella tua edicola è un cliente che va servito al meglio.

Senza se e senza ma.
Anche chi lo fa un minuto prima della chiusura.

In queste pagine ti darò qualche consiglio da mettere in atto, perché hai capito che da un lato è importante la teoria, ma altrettanto la pratica.

Prima di partire togliamoci dalla testa una frase*: "Venditori si nasce".*

Non è più così.

Non è la parlantina a decretare il successo della vendita.

Cosa ci vorrà?

Basta saper parlare in italiano, fare un po' di chiacchiere, mostrare i prodotti, dire il prezzo e il gioco è fatto.

È questo che pensano in molti, invece non è così: sono diversi fattori che in parte andremo a scoprire.

Oggi abbiamo tutte le risorse per acquisire skills, atte a migliorare la comunicazione, la vendita, l'approccio con il cliente, a trovare nuovi clienti, ma soprattutto a fidelizzarli.

Già la fidelizzazione…

Sai che secondo tutti gli studi di marketing acquisire un nuovo cliente costa ben sette volte di più che fidelizzare gli esistenti?

Ma come fare?

Dando un motivo valido per tornare, e ce ne sono diversi.

Il mercato è sempre più esigente e selettivo e i social non rendono il mestiere più semplice: ti basti pensare che con un singolo post messo su Facebook o Instagram puoi informare in un batter d'occhio centinaia di persone. La pessima reputazione è un marchio indelebile.

Oggi, essere gentili, preparati e soddisfare un cliente
non è più il modo per innescare il passaparola:
bisogna essere…
superlativi.

È un'amara realtà ma è così.

E non parliamo anche del luogo comune: *"La gente va dove costa meno, guarda solo il prezzo."*

Per favore, non scherziamo.

Se fosse così non esisterebbe il mercato del lusso, non credi?

Credere che tutto ruoti intorno al prezzo è un alibi che denota i limiti dei commercianti mediocri, ma mi spiace dirlo: non avranno mai successo.

Vivono con il terrore del prezzo e lo trasmettono subito ai clienti, che invece, contrariamente a quanto si pensi, non passano intere giornate alla ricerca di dove acquistare qualcosa alla cifra più bassa in assoluto. O, al massimo, lo fa solo qualcuno. Ma non tutti.

Se credi che il prezzo sia la variabile che condiziona un acquisto, ti stai sbagliando.

Paradossalmente ciò che fa sfumare una vendita è il timore del venditore che ritiene il costo eccessivo. Il prezzo non è mai determinante quando si desidera abbastanza qualcosa...

anzi.

L'unico vero problema è che se hai un'edicola indifferenziata, anonima, con il servizio vendita dalla media qualità, è normale e fisiologico che il cliente si rechi dove a parità di condizioni trova il prezzo più basso.

Credo che tu da cliente faccia la stessa cosa, no?

Almeno ci si garantisce un vantaggio economico.

Non ci sarebbe alcun motivo per spendere di più altrove, tantomeno da te. Oggi è premiato chi eccelle e non solo con il fattore economico.

Se ci pensi tutto è reperibile ovunque: internet sforna e-commerce che ci portano a casa i prodotti.

Oltretutto il cliente ha a disposizione, anche attraverso lo smartphone, quindi 24 ore su 24, tutte le informazioni.

Quando entra da te è già preparato, documentato dalla rete.

Non vuole più risposte semplici, brevi e date tanto per essere date: pretende di parlare con esperti che lo guidino, e che rispondano a domande specifiche, non più superficiali e approssimative, a cui non è riuscito a trovare una risposta online e fidati, sa quando lo vuoi prendere in giro e spennare, perdendo di vista l'etica.

Cosa fare in questo quadretto, che appare davvero problematico?

Accrescerti. Non puoi più improvvisare, affidarti al caso.

Devi diventare un artista e professionista delle vendite.

Ricorda che il cliente acquista innanzi tutto il venditore, ossia tu.

Il cliente non va mai giudicato ma servito, coccolato, deliziato, curato, ricoperto di attenzioni.

Indipendentemente dal ceto sociale, dal modo in cui è vestito, dal linguaggio, dai suoi atteggiamenti, dal suo carattere (soprattutto se brusco o maleducato, non devi scendere mai e poi mai ai suoi livelli), ecc., il cliente deve essere al centro di tutto e tu devi saper servire chiunque, per superare le aspettative e... regalare un'esperienza d'acquisto unica, perché a furia di ritornare da te è lui che ti paga il tuo utile a fine mese.

Ecco cosa lo farà tornare: partiamo dell'accoglienza.

Fin dall'accoglienza è necessario farlo sentire a proprio agio.

Certo ognuno ha la propria personalità e tu devi capire chi

hai difronte: se vuole osservare senza disturbo, se vuole invece la tua presenza costante; siamo tutti diversi e ognuno ha la propria motivazione e le proprie leve di acquisto.

Non generalizzare mai.

Ogni cliente appartiene a target diversi in base alle esigenze che intende soddisfare. Molti credono di sapere già a priori cosa ci sia nella sua testa. È un pregiudizio davvero dannoso, che se ascoltato, rischia di farti perdere la vendita.

Non proporre solo ciò che piace a te, in cui credi, e peggio ancora, non decidere ciò che il cliente debba comprare.

Contano le sue emozioni, i suoi bisogni, le sue motivazioni, le sue aspettative e i suoi criteri di scelta, non i tuoi. Ricorda che non si vendono mai solo prodotti, ma l'immaginario che ha il cliente in ciò che desidera comprare.

Attraverso la merce o il servizio vuole ottenere qualcosa, un beneficio o risolvere un problema: compra ciò rappresenta per lui, non quello che è; non le caratteristiche, ma quello che producono per lui.

La tua capacità si deve focalizzare a descrivere, raccontare, far immaginare, cioè fargli vivere in anteprima cosa accadrà quando sarà in possesso di quel bene che sta valutando.

Ogni acquisto che fa è per lui gratificazione e si sta facendo un regalo, piccolo o grande che sia, si sta premiando per qualcosa che gli farà vivere delle emozioni.

Quindi mettilo sul piedistallo, fallo sentire il protagonista della scena.

Ora che lui è entrato nella tua edicola, scegliendola tra altre, fai in modo di mettere in atto tutto quello che serve per *"rendergli grazie"*. Già, spesso ci si dimentica che in fondo, in fondo, se osservi la questione in modo pragmatico è lui il tuo titolare… e in quanto tale merita di essere trattato ai massimi livelli. Proprio come pretendi tu lo stesso trattamento quando vai a far acquisti.

Anche perché tutto quello che di favorevole donerai, ti tornerà indietro: è la legge del mercato. Più valore offri e semini più valore raccoglierai.

Intanto:
"Benvenuto/a", "Buongiorno", "Buon pomeriggio", "Buona sera", accompagnandolo con un sincero sorriso.

Da cancellare, invece, il *"Salve"*, saluto estremamente sbrigativo, superficiale e freddo: l'espressione di una fastidiosa pratica che si è obbligati a svolgere e di cui si farebbe volentieri a meno.

Mai neppure *"'Giorno"* o *"'Sera"*. Niente di meglio che dimostrargli il tuo piacere nell'accoglierlo, ospitarlo, servirlo, assisterlo, metterti a sua disposizione, proprio come fai quando entrano i tuoi familiari a casa tua.

Facciamo un passo indietro. Il tuo aspetto.

Ogni mattina come vai al lavoro?

L'abbigliamento, la pettinatura, le mani, il trucco per le donne e la barba per gli uomini, sono tutti aspetti che hai curato? Il profumo o deodorante: ne hai consumati a tonnellate?

La cultura dell'igiene personale deve essere prioritaria visto che ci si relaziona ad altre persone, per tante ore.

Non curare la pulizia dei denti può determinare la perdita di tantissime vendite; non c'è nulla di più terrificante che essere serviti da denti sporchi.

Né puoi masticare il chewing-gum, ruminando e producendo fastidiosissimi rumori, mentre servi il cliente.

Passi molte ore nel tuo chiosco: prevedi maglie di riserva, deodoranti, salviettine imbevute e fazzolettini, spazzolino, trucchi, ecc. da tenere sempre a portata di mano.

Ti sembrano cose scontate?

Beh, a quanto pare non lo sono, visto che molti degli edicolanti a cui vado a fare visita non rispecchiano tutto ciò.

La bellezza premia, c'è poco da dire, lo dimostrano anche studi, secondo cui si compra più volentieri da un venditore *"piacente"* non solo in senso lato, ma di bontà, gentilezza, disponibilità e intelligenza.

Detto questo, torniamo ai saluti appena varcata la soglia del negozio. Non opprimerlo, ma sii cordiale, senza farlo sentire in gabbia.

Dagli sempre del "lei" a meno che non sia davvero giovane e non te lo chiede espressamente. Stessa cosa per il "Ciao".

Cerca di ricordarti i nomi dei clienti abituali: se non lo sai chiediglielo.

Il nome identifica, per ognuno di noi è il suono più dolce, in qualsiasi lingua esso sia pronunciato e dimostra grande attenzione e riconoscimento, lo fa sentire importante, rispettando i titoli (Dottore, Signor, Professore... se ovviamente li sai).

Evitare assolutamente vezzeggiativi come *"dolcezza"*,

"amore", "tesoro", "capo", "cara", "campione", "nonno", "nonna". Anche se a qualcuno le confidenze possono piacere, la maggior parte delle persone non le sopporta.

Non prenderti mai e poi mai libertà non autorizzate e non dare l'impressione che ci siano clienti di serie A e altri di serie B, ossia che preferisci (le preferenze possono esistere, ma non devono trasparire) uno rispetto all'altro.

Inutile dirti che sa hai il cellulare, non gli fai aspettare i tuoi comodi o lo saluti senza nemmeno staccare lo sguardo dal monitor.

L'accoglienza deve essere a dir poco perfetta.

Già stai determinando il futuro della tua vendita.

È una fase molto delicata e, proprio per questo, il cliente va rassicurato immediatamente.

All'ingresso la sua diffidenza è ai massimi livelli e ha il timore di dover subire la vendita a tutti i costi. Il primo obiettivo, quindi, è abbattere il muro di diffidenza e rassicurarlo, farlo sentire a proprio agio e sereno.

Trasferirgli la tranquillità di poter fare le sue valutazioni senza pressioni e con un abile edicolante che lo assisterà con spirito di servizio.

Ora entra in gioco il tuo atteggiamento, il comportamento attraverso l'empatia che stabilisci.

La vendita è un mestiere professionale e in quanto tale va curata, studiata, applicata, costruita e richiede concentrazione, nonché tanta pratica.

La comunicazione…
il pilastro su cui si basa
ogni buona vendita.

Conoscerne i principi di base e comunicare in maniera efficace sono gli ingredienti *"segreti"* per far sì che il tuo cliente ricordi per sempre la tua torta… *ops*… scusa, la tua edicola.

Sai che mi piace scherzare, ma torniamo seri, perché questo argomento è lo spartiacque tra fare 10 vendite al giorno o farne 100, con tutte le piacevoli conseguenze che questo risultato comporta.

Saper comunicare significa essere abili a adeguarsi a situazioni e clienti diversi che, come sappiamo, sono tutti differenti tra loro. Non si può imparare uno stile e utilizzarlo con chiunque.

Metti da parte il "Io sono fatto così" che è una forma di difesa inutile e anche controproducente, e iniziare ad abbracciare il cambiamento, perché è l'unica cosa che ti permetterà di ottenere un'edicola memorabile, performante e unica.

Non ci sono vie di mezzo: a non metterti né in gioco né in discussione e coltivando le solite abitudini (magari negative) ti farai solo del male.

Ma cosa c'entra tutto ciò?

Te la faccio semplice: quello che sei, inevitabilmente lo trasmetti. Nel bene e nel male.

Tutti noi comunichiamo e continuamente.
Anche attraverso un silenzio.

Ora non posso in una manciata di pagine dirti tutto quello che si cela dietro l'arte della comunicazione, ma fai che diventi una tua materia di studio e approfondimento. Comunichiamo attraverso gesti, sguardi, espressioni del volto, posture, movimenti delle mani, delle braccia, delle gambe, aspetto, qualità della voce (volume, tono, timbro, ritmo, cadenza, dizione e frequenza). Il volume può essere alto o basso, il tono sereno, arrabbiato, dolce, sarcastico, duro, delicato, ecc. Il timbro crea una voce calda, roca o stridula; il ritmo, la velocità con cui si parla, può generare tensione o tranquillità.

Non è importante solo cosa si dice ma come lo si dice (gioia, rabbia, paura, tristezza, disgusto, disprezzo, interesse, sorpresa, tenerezza, vergogna, ecc.) nonché le parole e le frasi, con il loro contenuto e significato.

All'inizio bisogna creare le condizioni ideali perché il cliente si faccia poi contagiare.

Stabilire fiducia è la base; per trasmettere credibilità e sicurezza ci vuole una voce calma e serena, senza esagerare con il volume.

Un volume medio-basso, così come il tono, e un ritmo medio creano autorevolezza. È il tipo di voce che riconosciamo a chi spiega bene, come nell'insegnamento.

Il cliente ha piacere di essere servito da chi percepisce come simile a sé.

Se vuoi migliorare la tua comunicazione con lui devi decidere innanzi tutto di modificarla e migliorarla, ma devi essere tu per primo disposto a cambiare. Comunicare con un cliente significa mettere in comune qualcosa con lui, interessarsi e guardare le cose dal suo punto di vista.

Trovare punti di incontro, stabilire sintonia, empatia, utilizzando parole note al cliente.

Facendo cosa?

Domande.

Le persone in genere non ascoltano, ecco il più grande nemico delle vendite. Parlare e non ascoltare.

L'ascolto è fondamentale in una buona comunicazione in generale e in quella di vendita in particolare. Significa riuscire a comprendere perfettamente il messaggio che invia l'interlocutore, senza margini di errore, in modo da gestire la relazione in modo appropriato.

Sentire è solo l'atto del percepire le parole, mediato dall'udito, mentre ascoltare ha un significato più profondo, che investe tutta la persona.

Oltre a percepire le parole, le dobbiamo interpretare, comprendere, in modo da fornire una risposta adeguata a quello che l'altro sta dicendo. Orecchie, occhi e, soprattutto, cuore e mente.

È l'ascolto attivo, empatico. La capacità di sentire l'interlocutore e stabilire un rapporto positivo, eliminando qualsiasi filtro o interferenza.

Per avere successo nella vita, ma soprattutto collezionare vendite su vendite, bisogna imparare ad ascoltare il doppio di quanto si parla. In tanti purtroppo, parlano di continuo sperando di convincere il cliente all'acquisto, per sfinimento, invece bisogna parlare poco, ascoltare molto e porre abili domande per favorire il coinvolgimento.

L'atteggiamento cordiale, improntato al sincero interesse e al piacere di comprendere, incoraggia il cliente ad aprirsi e a fornire le informazioni richieste.

Molti venditori, inconsapevoli, si limitano a rispondere alle domande dell'interlocutore, come degli scolaretti con la maestra. Al contrario, è necessario fare domande, escludere ciò che non va bene e focalizzarsi sui benefici che il cliente vuole soddisfare o i problemi che vuol risolvere.

Quella di porre domande è un'arte, che si può imparare.

Se sono adeguate si ottengono risposte utili; in caso contrario, si generano feedback di basso valore negoziale.

"Ma io vendo giornali, cosa vuoi che mi conti tutto questo?".
Ecco, ti stai ancora una volta auto sabotando e
precludendo la possibilità di accrescerti.

Anche dietro la spesa di un singolo euro ci sono scelte e motivazioni fatte a priori e se tu vuoi aumentare in modo esponenziale le tue vendite devi capire tutto questo e seguire un percorso di crescita.

"Ma i clienti rompono, sono esigenti, vogliono avere sempre ragione, ecc.".

Beh, è così: il cliente ha sempre ragione, ma tu preferisci avere ragione o fare vendite?

Accetta la realtà così com'è.

Magari bisogna imparare a gestire il momento in cui si ha di fronte un cliente che è maleducato (crede che sia giusto e normale esserlo), presuntuoso e *"so tutto io"* (sta manifestando il bisogno di sentirsi importante), diffidente (chissà quante fregature ha preso…), si è trovato male con una specifica azienda (da allora quella marca fa schifo…), fa il furbo (è una sua abitudine di vita), arrabbiato per affari sui, ecc.

Senza mai contrastare il suo punto di vista o modo di fare, devi imparare a utilizzare tutti gli accorgimenti comunicativi che possano portarlo a comprare.

Ricorda:

Lui vive nel suo mondo, tu nel tuo, ma è lui che deve darti i suoi soldi per bisogni che tu gli devi soddisfare: quindi chi deve entrare in empatia con chi?

Il tuo compito non è giudicarli,
ma comprenderli e servirli.

Invece molti non ci riescono e cedono alla tentazione di alimentare il proprio ego.

Impara a tenere a bada le tue emozioni, non interromperlo, non fare mai presupposizioni, fai con gentilezza le domande, aspetta e ascolta tutte le risposte: solo comprendendo il suo punto di vista potrai capire cosa e quanto vendergli.

Men che meno, mai e poi mai discutere con il cliente, né creare poltrone di dibattiti prendendo posizioni su politica, calcio, religioni… e tutti gli *"argomenti sensibili"* che rischiano di farti perdere clienti semplicemente perché magari hai manifestato una preferenza rispetto a un'altra.

Ricordiamoci l'obiettivo principale:

vendere.

Qualche strategia di marketing.

Il marketing è quell'insieme di operazioni che metti in pratica, attraverso strumenti online e offline, per far conoscere la tua azienda, nel tuo caso la tua edicola, al fine di attrarre clienti, ma soprattutto fidelizzarli.

Per molti operatori al dettaglio, essere riusciti a fare la vendita di un prodotto è già un successo.

I professionisti, quello che devi diventare tu, sanno che c'è la possibilità di completarla, con altri acquisti, o migliorarla, con un prodotto di livello superiore che sostituisca quello scelto, con una piccola differenza di prezzo.

Nel primo caso si parla di cross-selling, nel secondo di up-selling. È il modo più intelligente per far aumentare lo scontrino medio e quindi il fatturato, come succede da McDonald's o in Autogrill, dove in cassa ti chiedono: *"Vuole anche la salsina?"*, *"Vuole il menù più grande?"*, *"Vuole anche il biglietto della lotteria?"*. Ecco, questi sono solo alcuni esempi.

Costruisci la tua lista dei clienti abituali e colleziona i biglietti da visita, contatti Facebook e/o Instagram e altri Social.

Ovviamente non servono a riempire i cassetti, ma a inserirli in una mailing list o gruppo WhatsApp con offerte esclusive, coupon o la possibilità di ricevere altri regali esclusivi.

Metti un contenitore di fianco alla cassa e invita i clienti a lasciare il contatto per partecipare all'estrazione mensile di un premio.

Non badare a spese, metti in palio qualcosa che faccia venire voglia di vincerlo e non un semplice proforma, fatto tanto per essere fatto: non dirmi che non hai gadget nascosti in soffitta o in cantina.

Li puoi utilizzare e dare in premio ai clienti più fedeli, oppure creare una tessera da completare con ogni acquisto e con cui alla fine vincere un premio.

Usa la tua fantasia, guardati attorno, osserva anche quello che fanno gli altri negozi, che iniziative hanno, soprattutto in concomitanza delle feste.

Insomma,
il mondo ti aspetta.

Contributo Dott. Gianni Maritati

*Quando un'edicola chiude, è un lutto civile e culturale
per tutta la comunità locale.*

Una sciagura.

Si diffondono subito sentimenti di smarrimento o addirittura di pessimismo: quella *"tappa"* non fa più parte delle nostre sane abitudini e passeggiate quotidiane, non c'è più quell'isola verde fatta di attraenti prodotti editoriali a portata di mano ma soprattutto di dialoghi e sorrisi, non s'incontrano più in quel luogo che tanto abbiamo amato, fin da bambini, i volti che con il tempo ci sono diventati familiari.

Un mondo senza edicole è come una natura senza api.

Ci si sente impoveriti e spaventati, specie se quell'edicola può vantare – e ciò accade spesso – un lungo e glorioso passato, legato alla storia delle famiglie e alle vicende del quartiere.

Inutile imprecare contro un certo tipo di *"progresso"*, contro il caro-affitti o contro il destino.

Dobbiamo fabbricarcelo, il futuro.

E anche meritarcelo.

A cominciare dal modo in cui ci rapportiamo alla figura dell'edicolante: non quel tipo un po' sfigato che si alza presto la mattina e ti allunga meccanicamente il quotidiano o la rivista, ma una persona che ha la stessa importanza, a misura di comunità locale, di altre figure storiche come il sindaco, il maresciallo dei Carabinieri, il farmacista o il parroco.

L'edicolante è una persona preparata e motivata,
che sta lì proprio per te,
per soddisfare i tuoi bisogni e i tuoi desideri.

E poi c'è l'edicola stessa.

Pensiamola come ad un'isola del tesoro,
dove puoi essere protagonista
di tante bellissime e sorprendenti avventure.

O come ad un'astronave, che ti può trasportare verso mondi
nuovi e fantastici.

Pensiamola, anzi viviamola anche come spazio di incontro e
di scambio d'esperienze.

Una scatola magica, specie per i più giovani, che può arricchire la tua cultura, far viaggiare la tua mente in tutti gli angoli della Terra, fortificare il tuo spirito assetato di conoscenza e di valori.

Ogni edicola dovrebbe essere sentita e protetta come un bene culturale dell'Unesco, come l'aria che respirano i cittadini e le comunità.

Solo così si riscopre quella *"rete"* spesso invisibile, ai più distratti, che può offrirti di tutto come prodotti e di più come realtà identitaria.

Dott. Gianni Maritati,
Scrittore e Giornalista

Capitolo 4:
Come generare un flusso di clienti fidelizzati

Seppur di poche pagine, ho voluto inserire all'interno di questo libro una breve descrizione di *"Edicole&100"*.

Nasce dalla volontà mia e di mio fratello, Federico Ferri di dare una svolta, definitiva, moderna, rivoluzionaria, al settore edicole.

La nostra filosofia è rafforzare negli edicolanti il senso di appartenenza al progetto, con maggiore cultura interna e sulla responsabilità sociale d'impresa, fornendo gli strumenti per dirigere, valutare, assimilare e favorire l'innovazione.

Il pilastro su cui poggia *"Edicole&100"* è il senso di squadra: stare uniti e insieme con scopi chiari e condivisibili, *"lottando"* per generare quel qualcosa in più che questo settore e le persone che vi sono all'interno meritano di realizzare.

Tornare alla tradizione puntando all'innovazione, un'aggregazione.

Difatti, chiunque entra nel progetto, diventa per noi una persona importante da valorizzare.

Quando il gruppo diventa squadra, crea il gioco vincente.

*Diventare un gruppo di riferimento e di garanzia per la vita
quotidiana delle persone che vivono il quartiere
è la nostra vision.*

*Quando diciamo "l'edicola al centro", vogliamo intendere
questo: creare idee da condividere ogni giorno.*

Per fare ciò costruiamo una cultura che supporta i membri
del nostro team e dei nostri partner, così da fornire un
servizio migliore, intercettando quali sono i bisogni.

*E se i clienti sono contenti, ritornano e a cascata lo saranno
gli imprenditori, noi e i partner del gruppo.*

L'edicola deve essere vista come una possibilità per chi sta
vivendo un momento difficile e può trovarvi un facile
investimento, una strada alternativa; oppure, perché no?

Per un nonno, uno zio che vuole *"trovare e regalare un
lavoro"* al nipote o alla propria famiglia.

L'edicola un tempo era considerata quasi la chiesa del
villaggio, un punto di aggregazione indiscusso, e oggi
vogliamo ricalcare la stessa cosa, ampliarne il termine, lo
scopo e le azioni.

Non deve essere solo un luogo dove *"rifilare"* della merce.

L'obiettivo di *"Edicole&100"* è quello di ridare all'edicola il ruolo di punto di aggregazione per il quartiere, essendo l'unico che al giorno d'oggi può riunire ogni fascia di età, dal bambino fino ad arrivare alle persone più anziane, attraverso un totale ed entusiasmante coinvolgimento, suscitando l'interesse su quest'attività che ha ancora tantissimo da dare.

Vogliamo condividere progetti, opinioni pensieri e nuove idee per il tuo quartiere e far diventare la tua edicola quella *"di fiducia"*.

"L'uomo è un animale sociale, il termine qualifica le relazioni tra individui della stessa specie, che si concentrano nei comportamenti, ossia nell'insieme di azioni codificate con cui i membri della specie svolgono le principali funzioni del ciclo vitale, quale la riproduzione e il nutrimento rientrano in questa categoria. I rituali d'accoppiamento, le cure parentali e il territorialismo"

Questa è la definizione che possiamo trovare nella Treccani. Siam partiti proprio da questa, nello specifico dalla parola *"territorialismo"* facendoci delle domande:

quanto la persona si sente attiva sul proprio territorio?

Basti pensare che spesso non si sa nemmeno chi siano i vicini di casa o i negozi vicino casa, il nome del collega e così via. Però poi veniamo a conoscenza che con si sa per quale mistero l'abbiamo tra gli amici di Facebook o su altri canali digitali.

La tecnologia è inarrestabile, è il presente e il futuro che ci accompagnerà nel cambiamento, che mai fino ad oggi è stato così veloce e repentino, che ci ha portato spesso ad essere veloci, stressati, frenetici e straboccanti di informazioni.

A volte sarebbe necessario solo fermarsi e riprendere fiato, conoscersi, aprirsi agli altri, guardarsi negli occhi, osservare senza giudicare il comportamento altrui: ossia, riprendere il contatto con la nostra parte più intima e umana.

Inoltre, per aiutare maggiormente gli edicolanti a sviluppare il proprio potenziale inespresso, *"Edicole&100"* pone particolare attenzione alla formazione, un altro punto focale davvero essenziale.

Senza crescita non può esserci evoluzione, senza evoluzione non può esserci sviluppo.

Nel XXI secolo la preparazione ha assunto un valore fondamentale e diventa finanche un dovere formarsi.

I titolari delle edicole sono imprenditori a tutti gli effetti e devono avere come obiettivo principale di assimilare le nozioni sia della cosiddetta formazione verticale che della formazione trasversale.

Quella verticale comprende:

- *Funzionamento di un'edicola.*

- *Pianificazione di incassi e costi.*

- *Calcolo quotidiano di flusso di cassa e utile.*

- *Trend del mercato.*

- *Gestione dei rapporti con i fornitori.*

Quella trasversale:

- *Sviluppo di obiettivi chiari e misurazione in base settimanale dello stato attuale.*

- *Comunicare efficacemente con collaboratori e clienti.*

- *Gestire tempo e attività nel migliore dei modi.*

- *Migliorare il proprio marketing.*

- *Saper mettere insieme tutte queste competenze in un unico metodo.*

- *Dare e ricevere feedback.*

- *Sapere cambiare rapidamente la comunicazione, le strategie, le azioni in base ai risultati.*

Oggi è uno degli elementi imprescindibili per avere successo: chi non si forma, si ferma.

È vero, formarsi ha un costo economico, è un investimento di energia e tempo: ma… quanto è maggiormente alto il costo per chi non si forma senza un accrescimento costante?

Altri aspetti su cui *"Edicole&100"* fa luce sono sia la sistemazione *"materiale"* della location dove si opera che l'introduzione di generi alimentari per la vendita.

Tra le prime linee guida per la trasformazione sarebbe utile introdurre un tavolino con due sedie, mettere esternamente un prato sintetico, all'interno del parquet adesivo in p.v.c. facilissimo da montare, dei fiori decorativi in vaso, continuamente curati, un frigo da banco per bibite reperibile e uno a colonna con porta trasparente, gli adesivi forniti da *"Edicole&100"*.

Sono solo alcune delle idee per rinnovare completamente la postazione di vendita che è anche il tuo luogo di lavoro.

Renderlo accogliente e agevole.

Fare costantemente pulizia generale, delle vetrine e delle tende, del pavimento e avere sempre a portata di mano sgrassatore e bobina della carta. Eliminare dalla vista del cliente scope, ceste di distribuzione, cartoni vari sia pieni che vuoti, cose inutili per la vendita o esposizione.

Sì, sembrano cose sciocche e scontate, ma ti possiamo garantire che incappiamo più di quanto immagini in luoghi bui, sporchi, trasandati e non curati.

Se hai già una location perfetta allora rendila ancora più performante, se invece necessita di queste particolari attenzioni: inizia subito a metterle in atto.

Non dirmi che non hai tempo, né soldi, perché parliamo di poche centinaia di euro e qualche manciata di pomeriggi: spesso è solo volontà o solo...
iniziare.

Per quello che riguarda i prodotti alimentari, leggi regionali consentono alle edicole di venderli (a parte latte e derivati, alcolici che sono assolutamente vietati), quindi in caso di controllo si è tutelati.

Un altro limite è quello di non poter somministrare alcun cibo.
"Edicole&100" cosa c'entra con questi?

Abbiamo concluso molteplici accordi con partnership con aziende nazionali e internazionali in modo da aver condizioni commerciali favorevoli per tutti, cosa che da soli sarebbe molto difficile avere.

Agli iscritti diamo i contatti ai quali difficilmente si arriverebbe, sia in termini di modalità di pagamento che di scontistiche.

Sono prodotti selezionati secondo ricerche di mercato che si possono reperire direttamente dal nostro sito.

Oltre il fatto di avere prodotti in esclusiva con il nostro marchio, sono anche unici: creati apposta per noi.

L'edicolante può in autonomia rifornirsi di quello che pensa sia adatto alla sua edicola direttamente dalla piattaforma dell'azienda.

"Edicole&100" è il collante, il punto d'incontro.

Possiamo dire a tutta voce che "Edicole&100" è una realtà che non c'è mai stata prima e siamo gli unici nello scenario moderno focalizzata sulle edicole.

Non abbiamo fatto nessun *"copia e incolla"* di altre realtà, perché mai nessuno ha creato un progetto come il nostro.

*Non è un franchising,
ma è un'azienda sana e solida
alla quale ci si iscrive.*

L'aspetto sociale è un'altra pietra miliare: reinvestiamo e immettiamo nell'azienda stessa, a favore degli altri, alcuni proventi.

Ad esempio, per Pasqua, attraverso una raccolta fondi da noi organizzata, ogni iscritto ha devoluto un'offerta e abbiamo potuto regalare a cinque associazioni sul territorio locale 100 *"buste sorpresa",* con giocattoli che hanno assegnato a bambini meno fortunati.

Durante il lock-down abbiamo distribuito a titolo completamente gratuito, a più di 100 edicole, confezioni di gel sanificante (da 250ml) a tutela degli edicolanti stessi e dei loro clienti.

*Non è un obbligo scritto,
ma morale.*

Se a fine anno arrivi con un certo utile e ne reinvesti una parte per il tuo quartiere (comprando una giostra per i bambini, ripulendo una parte delle strade, creando workshop per giovani e adolescenti, piantando un albero, etc.), fai vedere l'edicola sotto un'altra luce.

Certo, da una parte curare il business e *"portar il pane a casa"* è basilare, ma dall'altro farti percepire come anche persona coinvolta in progetti comunitari non fa altro che elevare la tua posizione come persona, come imprenditore.

Tutto questo crea una risonanza mediatica, un effetto unico ed esclusivo, proprio perché oggi non siamo più abituati.

Tutto questo crea una forte appartenenza a un brand sia per la società che per gli iscritti e tutti coloro che ci gravitano attorno.

Il non sentirsi più solo ti rende più forte e sempre stimolato a fare e dare di più.

*La legge del mercato, del successo e della ricchezza è questa:
più dai valore più te ne torna indietro.*

È un dato di fatto.

"Edicole&100" è una nuova opportunità di business con l'occhio puntato sull'etica e non solo sul mero profitto.

Tu come iscritto hai la totale libertà, rispetto ai franchising che obbligano su diversi punti, di mettere i prodotti che vuoi, di offrire i servizi che meglio ti senti, di fare o meno formazione, di allestire o meno il tuo punto vendita come credi.

L'edicola, la tua edicola, deve diventare un contenitore di idee, di progetti e di prodotti e tu devi smetterla di vederti solo come un semplice edicolante che aspetta il passante a comprare il quotidiano.

Devi fare il passaggio da giornalaio a imprenditore, trasformarti da una visione passiva a una attiva, sfruttando quella che oggi è una categoria con molteplici vantaggi.

- L'edicola è considerata per Legge un bene di prima necessità.
- Gli edicolanti possono ampliare la propria tipologia di prodotti offerti: è possibile introdurre, fino al 40% della

superficie del chiosco o del negozio, prodotti e servizi diversi e alternativi dall'editoria. Se ad esempio, hai un'edicola di 25Mq, fino a 10Mq li puoi destinare alla vendita di questi.

- Le edicole sono sempre aperte con una filiera unica. Sono chiuse solo quattro volte l'anno: il giorno di Natale, il Primo gennaio, il 16 agosto e il 2 maggio. Aperte dalle 5 del mattino fino alle 19 dal lunedì al sabato: quante ore hai a tua disposizione per fare vendite, formarti, conoscere?

Quindi quante opportunità puoi davvero realizzare?

"Edicole&100" la puoi valutare non solo se sei già titolare di un'edicola, ma anche se hai un gruzzoletto da parte e vuoi investire, scegliendo poi se automatizzarla, mettendo dei collaboratori all'interno e delegando le attività con la tua supervisione, oppure gestirla in prima persona o *"dare"* un lavoro a un nipote, fratello, ecc.

Ora l'azione rimane a tuo carico:
decidi tu se salire a bordo.

Prima di raccontarti le esperienze dirette fatte da alcuni dei nostri iscritti voglio parlarti del premio che *"Edicole&100"* ha vinto in luglio 2020.

Organizzato da Roma BPA, abbiamo inviato tutto il materiale informativo della nostra società in marzo 2020, proprio nel mezzo della bufera del lock-down.

Eravamo 147 partecipanti.

Il concorso, dal titolo *"Figlio Migliore 2020"* categoria Roma Sviluppa Bene, era rivolto a startup innovative, ognuna delle quali ha presentato il proprio progetto.

Noi, come "Edicole&100" siamo arrivati primi
con enorme stupore,
ma al tempo stesso soddisfazione
per tutto il lavoro che abbiamo svolto.

Questo ci ha dato la grande opportunità, tra le altre cose, di collaborare con *"Lazio Innova S.p.a.",* l'azienda che si propone di affiancare il percorso delle nuove attività, in fase di avviamento e sviluppo.

Immagine di Gianfranco Tartaglia:
"L'Evoluzione dell'Edicola"

Contributo Dott.ssa Valentina Tacchi
Un "Faro" sulle Edicole

Sono cresciuta con quelle "astronavi" che dominavano il territorio dietro le loro strutture di metallo.

 Le Edicole hanno caratterizzato le fasi della mia vita. Una fucina di divertimento, tra hobby e passioni, quando il profumo di fumetti e figurine rappresentavano l'attrazione continua per noi giovani collezionisti.

Le riviste con le loro immagini erano gli aironi che ti portavano in volo verso i primi approfondimenti sulla natura ed il mondo.

Poi l'adolescenza ha visto gran parte delle ragazze ritrovarsi in letture di riviste specializzate, alimentando curiosità e confronti.

Si cresceva in un percorso affascinante e l'Edicola era sempre quel luogo di riti, il centro storico di informazione e tradizioni.

Erano gli Anni '80:

oltre 6 milioni di copie vendute ogni giorno.

Nelle scuole si ritagliavano gli articoli dei giornali per educare alla lettura ed alle vicende di cronaca che hanno alimentato la mia passione giornalistica e che poi si sarebbe trasformata in Professione.

L'edicola da locale con focolare a tempio.

*Da un'architettura sacra a chiosco variopinto
di fogli ed inchiostri.*

C'erano una volta gli strilloni e poi i giornali della sera. La cultura di massa gli ha conferito un ruolo, in un trionfo di giornali d'opinione, diventando punto di incontro tra cultura, storia e vita sociale.

*Quell'Astronave è diventata poi per me qualcosa di
molto più importante!*

Il mio sogno si è realizzato 15 anni fa, quando ho fondato il *"free press"* a carattere sociale e culturale, *"Il Faro"*. Era il 2005 ed è iniziato l'avventuroso viaggio nell'Universo della Distribuzione.

Il Ruolo delle Edicole di Roma è stato importante nell'accoglienza delle copie mensili ed insieme, abbiamo assistito nel tempo ad una vera trasformazione, anche alla crisi dei giornali dinnanzi all'avanzata di Internet.

L'informazione vive, infatti, un'altra Era ed ha richiesto un cambiamento.

Questa necessità ha portato Alessandro Gian Maria Ferri a ideare una nuova realtà, "Edicole &100".

Una *"Rete tra le Edicole"* sul territorio proprio come il *"Faro"* in Rete, che ha puntato la sua luce sui contatti umani di Business Networking e sulla diversificazione in uno Spazio 4.0.

Alessandro, imprenditore sempre aggiornato e con tradizione familiare ha sostenuto sempre che:

"Ogni Edicola deve diventare un posto accogliente, dove poter fare anche lo scambio di libri, con l'attenzione agli animali, all'ambiente e dove i giornali free press, sono gli "alleati" perché portano persone ed i clienti abituali ricevono poi un omaggio in più.

Un'Edicola 4.0 dove acquistare giornali ma anche altri prodotti e servizi".

È il centro di scambi ed amicizie nella vita quotidiana soprattutto con le persone che vivono nel quartiere.

In questa nuova sfida siamo complici.

Proprio come la lente del *"Faro"* che in questi anni si è riflessa con Positività nella Sinergia tra Professionisti, in una diversificazione della Comunicazione, i protagonisti di *"Edicole &100";* hanno puntato all'Innovazione e allo Scambio.

Mantenendo viva la tradizione con l'inchiostro dei giornali che rimangono immortali, sviluppano ogni giorno idee nuove in un Costume sociale che cambia.

Dott.ssa Valentina Tacchi,
Editrice e Direttrice "Il Faro"

Capitolo 5:
Casi-studio di successo

In questo capitolo ho riportato interviste di alcuni edicolanti facenti parte di "Edicole&100".

La propria visione è completamente cambiata e in alcuni casi migliorata.

Sono cinque tutti di Roma, leggiamo insieme le parole, dette direttamente da loro.

Luciano Brancolino, proprietario della B&B Edicola Giardini di Corcolle, Roma

Ho 57 anni, sono 26 anni che faccio questo mestiere. Ho sposato, mi sono appassionato nonché ho creduto subito nel progetto *"Edicole&100"*.

A livello di business, il punto vendita di offerta prodotti è migliorato e non di poco, ampliando la gamma di scelta, anche i margini di conseguenza hanno avuto incrementi significativi.

Ma non solo: mettendo a disposizione anche servizi aggiuntivi, il rapporto con i clienti si è consolidato.

I benefici, quindi, sono stati sulla clientela, sulla soddisfazione mia e del mio lavoro.

Da questo percorso ho imparato molte nozioni che prima davo per scontato o meglio, non conoscevo.

Abbiamo finanche ricevuto diversi complimenti per tutto quello che abbiamo iniziato a fare.

La clientela è molto soddisfatta, più contenta e, di conseguenza, anche io.

Sono stati sette mesi sfidanti e l'aspetto d'introdurre marche famose, come *"Lego"*, mi ha dato molta più credibilità e professionalità, proprio perché il brand è molto forte e conosciuto, oltre che ottenere utile immediato, molto più alto rispetto alla vendita di un quotidiano. Al pari di un giocattolo venduto bisogna arrivare a molte copie: da un lato continuerò a vendere quotidiani, ma dall'altro anche spingere i prodotti con più margine sarà una strategia che adotteremo.

L'unione e la squadra è un altro aspetto importante: è vero che ogni edicola è a sé stante ed ha il suo modo di lavorare, ma è altrettanto importante aver un punto di "ritrovo".

Provenendo dalle stesse difficoltà, ci capiamo, parliamo la

stessa lingua: edicolanti che dalla mattina alla sera sono a contatto con le persone, siamo in sintonia e cerchiamo di trovare soluzioni che magari da soli difficilmente penseremmo.

Il vantaggio di "Edicole&100"
È che non ci sono né competitor
né altre realtà pensate in questo modo.

Sì, magari la sede sindacale, ma fa tutt'altro; comunque sia,
non hanno lo stesso spirito di gruppo.

Personalmente consiglio vivamente di entrarci e nel più breve tempo possibile: Alessandro e la sua squadra sono sempre presenti, anche nel periodo del lock-down hanno proseguito il loro lavoro, sono sempre in prima linea anche a livello comunicativo mediatico e per qualsiasi problema anche burocratico.

Per quello che riguarda l'aspetto economico, come già detto, introducendo altri prodotti si riesce in pochi mesi ad aggiungere un 50% - 60% del fatturato extra editoria, che non è male.

Grazie a loro, posso davvero dire che stiamo riportano
all'edicola i valori che ha perso nel tempo
e che degnamente deve riavere.

Hanno fatto più loro in questi sette mesi che non altri in anni e anni di "degrado" di questo settore.

Grazie!

**Fabiano Pompei, Edicola Pompei,
Piazza Imola San Giovanni, Roma**

Ciao, sono Fabiano, ho 26 anni e da cinque anni gestisco un'edicola tutta mia, dopo qualche mese di gavetta come dipendente.

Non provengo da una famiglia di edicolanti, son partito da solo, è stato un mondo sempre lontano.

Ho iniziato per passione verso questo mestiere e per avere il contatto con le persone con un rapporto speciale riservato a poche realtà, come quella dell'edicola, e mi ha sempre ispirato e oltretutto mi è sempre piaciuto.

Quello che adoro dell'edicola sono proprio loro, la gente di quartiere: il 60% - 70% è fidelizzato, quindi torna spesso, è approfondito e continuativo.

Il restante 30% è di passaggio o fa acquisti *"sporadici"* come le collezioni, ma comunque una volta a settimana o al mese li rivedo.

Da quando ho deciso di fare il passaggio in "Edicole&100" la mia sicurezza personale ha fatto un balzo in avanti, proprio perché sentendomi molto spesso solo, avevo mille preoccupazioni perché non sapevo a chi rivolgermi.

Non ti nego che avevo spesso l'ansia.

Appartenere ad un gruppo mi fa stare bene e mi rassicura sul fatto che posso contare di un aiuto in caso di necessità: questo appoggio mi rassicura davvero tantissimo.

Già solo avere ottenuto il miglioramento a livello personale mi farebbe prendere la stessa decisione nuovamente, anche prima.

Per quello che riguarda il business, il fatturato è aumentato proporzionalmente, grazie all'inserimento di nuovi prodotti, (soprattutto agli accordi con le aziende con brand importanti) le persone sono contente e soddisfatte di trovarli presso la mia edicola. In più, visto che alcuni di questi sono *"consumabili"*, ossia di uso quotidiano, ritornano e ne vogliono sempre di più. Come detto, la mia vita personale, la qualità è cambiata in meglio, perché dormo più tranquillo, sono più fresco al mattino, perché so di essere in una squadra, in una famiglia capace e che sa come muoversi grazie all'esperienza che ha acquisito nel campo.

Chiedo spesso delle dritte su come muovermi e approcciarmi, visto che è la mia prima esperienza in edicola e da solo non sapevo nemmeno a chi rivolgermi o farmi guidare in questo.

Con i clienti di conseguenza sono più rilassato, più *"forte"*, a offrire di più e piazzare più vendite, a maggior ragione quando parliamo dei prodotti certificati.

Ho preso anche il pacchetto che offrono per la sistemazione e la rigenerazione "fisica" del punto vendita.

Questa riqualificazione prima non l'avevo mai considerata; infatti, ormai regnava il caos, tutto era messo un po' a casaccio e con il passare degli anni si erano accumulate cose su cose, nemmeno essenziali.

Grazie a questo lavoro, durato appena una giornata, ma che è stata davvero importante, una ristrutturazione impattante, ho capito anche come disporre e i prodotti, come renderli anche più vendibili.

È stato un nuovo punto di partenza.
Il risultato è stato eclatante.
Seguirà anche il rifacimento delle serrande, ma già così l'impatto è stato immediato e positivo anche sulle vendite.

Mica male.

Quando è tutto più pulito e ordinato, le persone entrano anche più volentieri e sono predisposte a spendere di più, perché vedono le cose vicine e questo migliora il fatturato e le soddisfazioni personali, ovviamente anche per loro.

È una collaborazione che rende tutti vincenti perché si creano i presupposti validi: per noi edicolanti e per i clienti.

Inoltre, anche per me, la facilità nel mio lavoro nel trovare le cose mi ha giovato, non poco. Sembra una piccola cosa, ma permettere alle persone di vedere tutto a 360 gradi facilmente li predispone a spendere, fattispecie nella mia edicola che sono 30 metri quadrati, quindi è molto grande, sfruttare al meglio ogni centimetro è stata la carta vincente.

Dopo la sistemazione fisica, ho fatto un ulteriore passo in avanti, a cui sicuramente da solo nemmeno avrei nemmeno pensato: ho intrapreso la promozione anche sui Social.

Ho capito che oggi sono fondamentali, una vera innovazione.

Pubblicando in maniera strategica i video, le foto e le testimonianze di determinati prodotti (il riscontro più ampio è stato proprio sui prodotti *"alternativi"* e non sui quotidiani) le persone sono attratte e fare il *"passaggio"* dal mondo Social a venire personalmente nel punto vendita fisico.

Anche se spinti solo da una sorta di curiosità, alla fine i clienti in più ti portano ad alzare il fatturato, passo dopo passo.

Inserendo, appunto, prodotti che vanno fuori dall'idea convenzionale, come l'olio, la marmellata, le bottigliette d'acqua, l'attrattiva è alta, proprio per la curiosità che scatena avere qualcosa contro intuitivo per il settore delle edicole.

Grazie a tutto questo si riesce a dare la percezione di un'editoria diversa, ma allo stesso tempo classica.

È ovvio che pubblicare foto di una location bella ordinata è motivo di tanto orgoglio, e ho capito quanto sia fondamentale questo aspetto che posso dire di aver imparato grazie alla vostra formazione.

A proposito della formazione: questa aiuta a livello mentale, oltre che per gli strumenti concreti, anche per ampliare la mente come crescita personale interiore ed è il passo che chiude il cerchio.

Posso avere il prodotto migliore del mondo, un'edicola bella e organizzata, ma poi se io, come edicolante, non curo la mia persona, non mi evolvo, adotto tecniche di vendita scarse, non ottengo i risultati.

---

*Questo aiuta a sfruttare tutte le potenzialità dovute
a un connubio di fattori.*

Dopo appena tre mesi che faccio parte di *"Edicole&100"* ho imparato molte cose, sto vivendo una vita differente e mai immaginata… anche sul fatturato. Appena potrò rendiconterò con numeri più specifici, ma a oggi è una certezza che sia aumentato.

La mia testimonianza è importante da trasmettere a chi pensa di iscriversi, perché far parte di un progetto che ha a cuore il futuro delle edicole e degli operatori tuoi simili diventa anche un onore.

**Cesare Monti, Edicola Via Luigi Rizzo,
Metro Cipro, Roma**

Ho 41 anni e sono 20 che faccio l'edicolante. Prima ho svolto dei lavoretti saltuari e mentre stavo facendo il militare, mio zio ha intercettato un'edicola in vendita e l'ha presa essenzialmente per me. Difatti, non appena ho finito il militare, ho iniziato a lavorarci.

All'inizio mi ha dato una mano ad avviarla, ma poi ha preso altre strade, mio padre purtroppo non ha potuto seguirmi e mia mamma c'era sporadicamente. Quindi, diciamo che l'ho sempre gestita principalmente da solo.

Oggi, invece, la curo con mia moglie, Marina di 36 anni.

Ad oggi posso dire che con "Edicole&100" è migliorato tutto, sia il business, la vita personale, che il rapporto con i clienti.

Innanzitutto, mi sono organizzato e mi sto attrezzando per inserire nuovi prodotti: la nuova disposizione affascina i clienti e ho sempre voglia di tenerla in ordine.

Dopo tanti anni da solo, la routine, la stanchezza e a volte la noia che sopraggiungono non ti danno più la spinta a un rinnovamento personale né tanto meno dell'edicola.

Si diventa anche un po' rudi, distaccati, si pensa solo a sfuggire da quelle quattro vetrine, con il sorriso che viene sempre più a mancare.

Diciamocelo pure: non avevo più voglia di fare e lo sconforto si era impadronito di me.

Del gruppo il valore più importante è stato il miglioramento del mio spirito e oggi posso dire che mi pongo in tutte altre vesti.

Le mie giornate sono cambiate notevolmente e le persone lo sentono di conseguenza. Non che prima mancassero la gentilezza e la cordialità, ma sicuro è che facevo e svolgevo le cose "QB" ossia quanto bastava per arrivare a sera, il minimo indispensabile senza dilungarmi troppo in chiacchiere.

Oggi ho l'entusiasmo che mi spinge
anche solo a far trasparire la gioia
per una vetrina pulita o
per i prodotti nuovi inseriti.

E tutto questo ha la conseguenza di farti aumentare il profitto, perché le persone spendono di più quando hanno dinnanzi un titolare sorridente, che propone e offre soluzioni.

Oggi mi sveglio e vado al lavoro
in modo completamente diverso.

I miei clienti hanno riferito che l'edicola è diventata più elegante, persino il miglior *"posto"* del quartiere: insomma, tutte queste soddisfazioni (comprese quelle economiche) ti danno energia per proseguire, anzi per migliorarti sempre, a fronte degli apprezzamenti.

Alla fine, anche se all'inizio devi fare degli sforzi (mentali per andare contro a tutti gli schemi di una vita, fisici per sistemare le cose ed economici per acquisire tutto quello che va aggiunto o tolto) ne vale decisamente la pena.

I clienti si sono accorti del cambiamento in pratica subito, dal giorno dopo che mi avete sistemato il punto vendita, innescando un processo di felicità, gradimento, vendite, successo.

Quello che mi ha giovato particolarmente è stato nella *"mia testa"*, perché dopo aver scoperto che avrei potuto apportare delle migliorie sto continuando anche da solo a farle: ovviamente voi siete stati importanti sia perché "il grosso" ve lo siete accollati voi, che per gli insegnamenti che mi avete dato.

Questo mi ha permesso un'apertura verso cose che io avevo smesso di notare da anni oppure che non avevo mai visto prima di voi.

Dentro di me è scattata la molla, un qualcosa che mi ha dato la spinta e ora posso camminare sulle mie gambe, sapendo che comunque voi ci siete. Tutta una serie di cambiamenti piccoli, ma al tempo stesso grandi, hanno reso snello, agevole e facile trovare le cose.

Quindi il lavoro mio e di mia moglie è migliorato e anche le vendite sono aumentate grazie ad aver tutto in ordine e pulito. Sono incrementate anche dopo aver inserito i prodotti di marca come "Lego". Ho iniziato a riscontrare un incremento del fatturato.

Ora, per quello che riguarda la formazione: è stata fondamentale, difatti ho partecipato a tutti i vostri corsi, da sette mesi a questa parte.

Mi piace molto perché ho affinato le tecniche di vendita, gli approcci con il cliente e il marketing: mi sento di aver maturato molte nozioni e anche scoperto un potenziale che svilupperò sicuramente grazie agli altri corsi che proporrete.

Mai nessuno si è spinto così.

Questa della formazione è una grande innovazione,
mi fa sentire di far parte
di una grande azienda.

Ad esempio, quello sul *"Business Model Canvas"* è una strategia che fanno le aziende importanti e rinomate. Per noi edicolanti, che in fondo ci sentiamo *"piccoli"*, approcciare modelli che ogni mese possiamo aggiornare, ampliare e modificare è un processo mentale illuminante.

Ho avuto modo di cambiare la visione della mia edicola: considerarla come un'azienda, con obiettivi, partner, prodotti, valore da offrire e anche rapporto con la clientela da coltivare.

Io consiglio "Edicole&100",

Ora penso a un futuro migliore per me e mia moglie, a prodotti aggiuntivi, a metodologie per usare e integrare i Social.

La vostra idea di fondo è eccezionale, e lo dico con cognizione di causa, ma non servo io per affermarlo: avete anche vinto il primo premio *"Figlio Migliore 2020"* di Roma.

E sappiamo benissimo il lavoro mastodontico
che c'è dietro per creare tutto questo,
ma i risultati sono concreti, fattibili e realizzabili.

È ovvio che bisogna mettersi in gioco e lavorare.

Ti faccio un esempio pratico. Un mio amico ha un ristorante in pieno centro, qui a Roma, di altissimo livello. Lui utilizza lo stesso olio che vendiamo noi. E non parliamo di un olio comune, ma di un olio campione del mondo che ha ottenuto oltre 600 riconoscimenti.

Venderlo presso la mia edicola
è un concetto che va fuori da tutti gli schemi mentali
in merito alle edicole.

Questo fa parlare di noi e non è poco anche solo scatenare la curiosità: innesca un processo mai nemmeno pensato prima.

Il beneficio principale che ho avuto, rispetto a tutti quelli detti fino adesso, è l'entusiasmo che ho coltivato: non quello volatile, ma quello forte creato da delle basi e sostenuto da un progetto sano.

Non solo finzione o un fuoco di paglia campato per aria,
"fatto di fatti" che lo sostengono.

La macchina *"Edicole&100"* che c'è dietro è ammirevole e crea inevitabilmente passione, dedizione e anche in parte smania a voler fare sempre meglio.

Invito caldamente chi non fa parte del gruppo a entrarci:
sono certo che potrebbe sollevare l'azienda e anche
cambiare il proprio destino.

Buttarsi è la strada, anche perché
non si rischia praticamente nulla.

Voglio dire che curando solo il nostro orticello non si va da nessuna parte, bisogna iniziare a pensare in gruppo, ma quello di pari, fatto da persone con gli stessi problemi, a cui trovano soluzioni comuni.

Anche io ho molta paura dei cambiamenti e restavo fermo sulle mie idee, ma poi mi son lasciato andare e trasportare: avrei rischiato di fallire nel vero senso della parola.

Apriamo la mente:
è quello che consiglio di fare a tutti, il prima possibile.

Gabriele Ledda, Edicola New Laurentina, Roma

Ho 39 anni. Ho iniziato questo lavoro sei anni fa. Per i primi quattro l'ho fatto come dipendente, ho imparato il mestiere e cosa volesse dire fare l'edicolante in tutto e per tutto, ma un anno e mezzo fa ho investito dei soldi per comprare un'edicola tutta mia e mettermi in proprio.

Era un'edicola che già andava bene, ma poi quando mi hanno presentato l'opportunità di *"Edicole&100"*, cinque mesi fa, ho deciso di entrarci.

Dal punto di vista di riconoscibilità dell'edicola, anche grazie ai Social è molto cambiata.

Ci è voluto parecchio coraggio a inserire nuovi prodotti non direttamente collegati all'editoria classica e che non avevo mai venduto prima: questa visione innovativa ha migliorato le vendite dal punto di vista del business e sto avendo molte soddisfazioni.

*Quindi il coraggio si è dimostrato
un buon alleato.*

*La qualità della mia vita di conseguenza si è evoluta, perché
oggi la consapevolezza che qualunque cosa mi dovesse
servire posso contare su "Edicole&100", su questa famiglia,
mentre prima mi sentivo perso e isolato.*

Anche se conoscevo altri edicolanti comunque ero da solo, nonostante facessi parte di gruppi di sindacati. Anche per la cosa più piccola dovevi capire a chi chiederlo e come, senza mai avere la possibilità di una risposta certa e sicura.

Ovviamente nascevano molte preoccupazioni e di conseguenza anche a casa ti portavi tutto il peso dello stress, riversandolo inevitabilmente sulla famiglia. Il rapporto con i clienti, anche storici, nonostante fosse già buono, è migliorato.

Grazie alle modifiche sia del punto vendita che dei prodotti, ma anche di me stesso, ho un modo più efficace di pormi anche per le vendite.

Poi, la formazione è un aspetto basilare da cui partire, anche per affinare l'approccio. Anche se è impegnativo seguire tutto, vale la pena fare quel *"piccolo"* sforzo perché si viene ripagati di tutto.

È una propria crescita
che io invito a mettere in atto.

Nessuno nasce imparato; poi si sa l'esperienza conta, ma affidarsi a degli esperti che ne sanno più di te non può portare altro che ottime cose.

Fino a quando non ho fatto i corsi non sapevo come soddisfare i clienti al 100%, come fare ad aumentarli e fidelizzarli: sono aspetti fondamentali.

Oggi per me è difficile pensare di fare a meno dell'aiuto di
"Edicole&100".

Qualche giorno fa ho postato un video in cui ho fatto trasparire il mio cambiamento attraverso una diretta mentre correvo:

"Faccio l'edicolante
ma voglio migliorare anche la mia persona.
A dimostrazione del mio cambiamento
e che è possibile".
Quando mai io ho trovato del tempo
per andare a correre?

Oltre che l'aspetto personale lavorativo ho iniziato anche a curare me stesso, cosa che erano anni che non facevo più.

E peggio ancora mi stavo staccando da tutto e stavo diventando passivo: per me *"Edicole&100"* è stata la svolta, mi ha permesso di stare anche all'erta verso nuovi stimoli, sia di mente che di fisico.

A me cambiare il mio status del "non si deve solo lavorare"
ha donato una nuova vita.

Ora voglio ricominciare e con molta più energia migliorare il mio punto vendita dal punto di vista economico, per me stesso e per la mia famiglia.

Sono motivato e carico,
e senza "Edicole&100"
non avrei mai potuto ottenerlo.

Ho trovato e creato la migliore versione di me stesso, oltre
che per la mia edicola, ossia la mia azienda.

La visione di *"Edicole&100"* è questa: ho decorato le serrande, ho acquistato il pacchetto per rinnovarla, ho messo i nuovi prodotti, ma se non fai le azioni per la tua personale crescita interiore contano poco e nulla tutte le strategie di questo mondo.

Passare a una nuova concezione di edicola, valorizzare noi
edicolanti è un punto cruciale.

Oggi poter vendere i classici giornali e riviste nel 60% dei casi e, per il restante 40%, vendere prodotti e servizi come la lavanderia, gli impianti dall'allarme, gli alimentari – che alla fine ti portano il risultato economico – è la soluzione che ti cambia tutta la vita.

A chiunque legga il tuo libro consiglio di entrare in questa meravigliosa famiglia, perché vale la pena per sé stessi per che la propria attività.

Io vi assicuro che ora magari non riuscite a vedere quello che abbiamo realizzato noi, ma non ve ne pentirete: dietro l'angolo c'è una nuova vita che vi aspetta.

All'inizio, come tutte le cose, è difficile; ogni tipo di cambiamento lo è, ma questa è un'opportunità che ti può davvero rendere una persona migliore.

Devi solo abbattere la diffidenza iniziale e iniziare questo percorso che ti porta grandi benefici.

Poesia Dott.ssa Alessandra Iannotta

Loop,

danze di parole,

spazi deformati,

tempi circolari, gravitazionali,

segnali universali,

ali digitali.

Parole che bussano alla porta.

L'EDICOLA RIAPRE...

Dott.ssa Alessandra Iannotta,
Scrittrice

Conclusione… e un pensiero per te

Il libro termina qui.

È stato un immenso piacere e onore
condividere con te
tutto quanto hai trovato scritto in queste pagine.

Auspico che tu possa aver capito quanta energia si cela dietro a un progetto, che oggi è la miglior forma per far tornare a splendere di luce propria gli edicolanti e tutto il settore.

Attraverso il racconto della mia storia
ti sei identificato e hai capito che le sfide
devono fare parte
del nostro processo evolutivo.

Con qualche strumento pratico che ho scritto, che potrai già mettere in atto, sarai in grado di apportare fin da subito delle piccole/grandi migliorie al tuo chiosco e quindi aumentare le vendite.

Con la presentazione di *"Edicole&100"* e attraverso le case story hai compreso la grande opportunità che puoi cogliere e come la tua vita, non solo lavorativa, può cambiare.

Beh, ora sono proprio curioso
di sapere che cosa ne pensi tu.

Quanto ti è stato utile questo libro, quanto ti ha coinvolto,
cosa deciderai di fare, e se hai delle perplessità.

Se vorrai potrai contattarmi sempre, 7 giorni su 7, sui Social come *"Alessandro Gian Maria Ferri"*, oppure sul sito

www.edicolee100.com

Ho voluto dare a questo libro un titolo forte *"L'Edicola Riapre"* per i tempi che corrono, per mettere in luce aspetti importanti per una categoria che conta 25.000 licenze sul territorio e di queste 15.000 sono esclusive.

Per una rete così è importante unirci in uno stesso filo conduttore, potremmo fare la differenza, non solo per la nostra piccola economia personale e locale, ma anche per quella di tutto il paese.

"Sappiamo bene che ciò che facciamo
non è che una goccia nell'oceano.
Ma se questa goccia non ci fosse,
all'oceano mancherebbe."

Madre Teresa di Calcutta

Ed è questo l'invito che voglio farti.

Ora, hai due possibilità.

Una è chiudere il libro e metterlo nello scaffale a prendere polvere e continuare la tua strada come l'hai sempre percorsa fino a oggi.

L'altra è lasciare il libro a portata di mano, riguardarlo, approfondire i punti che più ti hanno incuriosito, sottolinearli e, meglio ancora, metterli in pratica fin da ora.

Se hai un gruzzolo e vuoi investire, se hai un figlio o un parente a cui dare modo di lavorare ed esprimersi, se sei un edicolante e vuoi migliorare entrando in un gruppo di lavoro, se sei un semplice curioso...

*Contattaci al più presto:
saremo ben lieti di farti entrare
nella nostra famiglia!*

Alessandro Gian Maria Ferri

Ringraziamenti

Sono profondamente convinto che il "segreto" di molte cose nella vita sia saper dire:

grazie.

Difatti, ho dedicato questo capitolo, proprio per ringraziare anche tutte le persone che, con il loro entusiasmo, hanno partecipato nel rendere questo libro speciale, peculiare e prezioso, attraverso i propri personali apporti.

Partiamo con ordine.

Non ho mai avuto amici della mia età, per il mio forte senso di crescita. Un giorno, dopo un corso di formazione durato più di dieci ore, ho conosciuto il *Dott. Ezio Maria Romano*; da lì è nata un'amicizia fatta di rispetto e crescita reciproca.

Grazie per le lunghissime telefonate e i messaggi vocali di continuo e profondo confronto.

Proprio lui che nella sua vita ha sempre lavorato duramente, costruendo praticamente dal nulla molteplici attività: un ulteriore grazie per la prefazione del mio primo libro, scritta con sentimento.

Grazie ad una persona, un personaggio unico, *come l'Ill. On. Dott. Vittorio Sgarbi*, l'uomo per eccellenza della cultura. Profonda cultura.

Grazie, per essersi esposto personalmente e nel voler scrivere in merito ad una delle più importanti realtà italiane, presenti sul nostro territorio nazionale: l'edicola.

Uno speciale ringraziamento per la fiducia che ci ha riposto, che ci ha dedicato e ci sta ancora, ad oggi, dando incondizionatamente.

Non è semplice realizzare un processo di cambiamento, soprattutto in questo settore, fermo da molti, troppi anni. Il *Dott. Francesco Rutelli* è stato il primo a vedere nelle edicole grandi potenzialità.

Grazie per aver capito, prima di tutti, l'importanza proprio delle edicole: da qui è nato tutto.

Ho personalmente conosciuto Monica, tua collaboratrice, veramente per caso. Da lì è iniziato un rapporto di collaborazione e stima reciproca con *il Dott. Lorenzo Zichichi e suo figlio Manfredi.*

Un grazie speciale, per l'enorme lavoro che perseguono ogni giorno, attraverso la propria

---

esclusiva e preziosa casa editrice.

Un grande uomo che ha voluto, con tutte le sue forze dedicando la propria vita, realizzare il sogno di ogni bambino, diventando per loro un super-eroe. Ha fondato la più importante scuola del fumetto. Lui è il *Dott. Dino Caterini.*

Grazie per la stima e la fiducia che stai offrendo
al nostro percorso.

Il Dott. Pier Fabrizio Santovetti è riuscito a realizzare una carriera realmente importante nel proprio settore. Quando mi ha detto che avrebbe voluto anch'egli apportare il suo contributo per questo libro, mi sono davvero stato emozionato.

Grazie per questo e per il tempo che ci ha dedicato.

Ho conosciuto il *Dott. Gianni Maritati* ad un evento di presentazione per un nuovo programma televisivo.

Ho capito, fin subito quanto sia speciale: un grande uomo, un raffinato scrittore ed un abile giornalista.

Grazie e ancora,
grazie.

Esserci, nel mercato, da 15 anni, creando contenuti di valore, non è affatto facile. Solo la tenacia di una donna come te poteva riuscirci: la *Dott.ssa Valentina Tacchi.*

Grazie per gli scritti che ogni giorno realizza, rendendomi, talvolta, anche protagonista.

Conoscerla è stata una fortuna. L'intensità con cui mi ha recitato una poesia, senza nemmeno conoscerci, mi ha fatto capire di che stoffa è fatta e cosa vuole veramente nella vita.

Grazie alla Dott.ssa Alessandra Iannotta, per portarci il suo messaggio ogni giorno, fatto di pura arte.

Grazie, all'artista della vita, *Stefano Ferretti,* singolare nel suo genere. Ha disegnato a mano, con l'utilizzo della china, la copertina di questo libro.

Grazie per regalare la sua arte ad ogni lettore.

Gianfranco Tartaglia: questo nome ricorda qualcuno? In arte è *"Passepartout"*, un fumettista eccezionale che solo l'Italia può vantare.

Grazie per la realizzazione, fatta con estrema cura ed attenzione, della sua visione delle edicole: un fumetto, dal prezioso contenuto, da custodire nel tempo.

Grazie a mia mamma, *Patrizia*. Nella vita la pensiamo in due modi completamente differenti. Sostengo che tutte le persone siano diverse ed uniche in ogni loro parte. Lei ed io, invece, siamo uguali in molti aspetti. Soprattutto, rendiamo spesso grazie alla nostra esistenza, in tutte le sue sfaccettature, anche se non positive.

Grazie perché mi dona la voglia di avere una "vita immensa".

Grazie a mio padre, *Massimo*. Considerato il *"Numero Uno"* dagli iscritti di *"Edicole&100"*, è orgoglioso per quello che stiamo realizzando.

Grazie per i tantissimi confronti che abbiamo avuto e che, quasi giornalmente, ancora abbiamo.

Grazie perché mi ha fatto comprendere le radici di questo mondo che ci appartiene nel DNA, chiamato edicola.

Grazie perché rivede in me la fierezza di un progetto che lui stesso avrebbe voluto realizzare, e che io, dopo anni, sono riuscito a mettere in atto: m'impegnerò affinché diventi il suo orgoglio.

Grazie alla mia piccola *Bea*. Era il 7-05-2018, appena l'ho presa in braccio le ho fatto una promessa e Lei sa che le mantengo. Oggi sono il suo *"Lalle"*. Nonostante non riesca a dedicarle molto tempo, è sempre nel mio cuore; le prometto che imparerò ad essere più presente.

Grazie per tutto quello che viviamo insieme, per il nostro rapporto così unico, scatenando anche, talvolta, la gelosia di mamma.

Grazie ad *Aurora*. Non sarei qui oggi se non l'avessi incontrata.

Grazie perché ha fatto cambiare di netto il corso della mia vita.

Grazie a *Federico*. È entrato in cucina insieme a me. Non sapeva nemmeno tagliare una semplice fetta di prosciutto: ora sta diventando un uomo.

Grazie perché è sempre al mio fianco e lo è stato, in particolar modo, nella mia più grande evoluzione, da ragazzo a uomo.

Grazie a *Claudia*. Anche se non è facile scrivere qualche riga su di lei, forse perché è stata l'unica che non sono mai riuscito a coinvolgere in pieno nel mio mondo, nonostante siano più di cinque anni che collaboriamo insieme. Oggi voglio dirle grazie perché le sue potenzialità sono davvero straordinarie: avrà molti successi, ne sono sicuro.

Grazie anche perché mi sta concedendo di vederla crescere come donna, sia in ambito familiare che in quello lavorativo.

Ti sei mai domandato quanto tempo serve davvero alle persone per creare una relazione forte, duratura e intensa?

Giorni? Mesi? Anni?

Hai mai visto un allenatore senza una squadra?

O una squadra senza allenatore?

Io personalmente, mai.

Grazie a tutti *i miei collaboratori*, che ogni giorno si impegnano a mettere il proprio speciale ed unico contributo nella realizzazione di tutte le iniziative aziendali.

In una società come quella odierna non è facile dare fiducia al prossimo, ma loro lo stanno facendo, ogni giorno sempre di più.

Grazie, davvero grazie a tutti gli iscritti che puntato il proprio futuro su questo progetto comune, chiamato "Edicole&100".

Come già scritto nelle pagine precedenti, grazie va anche a lui, *il distributore locale*, che con la sua minaccia telefonica mi hai dato la forza interiore per avviare la trasformazione di questa categoria, e non essere più vittime dei loro ostaggi.

Grazie a *Cesare e sua moglie Marina, Gabriele, Fabiano, Luciano*, iscritti a *"Edicole&100"*, che con vero senso della condivisione, hanno gentilmente rilasciato le interviste qui trascritte.

Trasmettendo la propria storia, si sono messi ancora una volta in gioco.

Chi sono io, Alessandro, oggi?

Un uomo, un figlio, un papà, un marito,
un amico fidato, un imprenditore…

Anche uno scrittore?

Beh, di certo ho molto da applicare ancora.

Grazie di vero cuore a *Raffaella Iannaccone*, per la sua professionalità con cui mi ha aiutato e supportato in tutta la stesura di questo libro, il mio primo libro.

Ci rivedremo, sicuramente per il prossimo.

Anche perché senza di lei non ce l'avrei fatta!

Grazie alla casa editrice, *Edizioni &100*. Il suo supporto e lavoro ha permesso questo libro.

Ora,

il GRAZIE più grande ed importante va a TE,

che hai letto fino alla fine queste pagine.

Spero davvero che tutti gli spunti che hai trovato possano farti fermare a riflettere, per capire l'importanza delle edicole e di tutto quello che ci gira intorno, convogliandolo verso un tuo prezioso vantaggio.

Grazie davvero!

A presto, ti aspetto,
Alessandro Gian Maria Ferri

Finito di stampare nel mese di Giugno 2022, per conto della
Edizioni &100.